La Vita Benedetta

La Vita Benedetta

Discorsi sulla Spiritualità

di

Swami Ramakrishnananda Puri

Mata Amritanandamayi Center, San Ramon
California, Stati Uniti

La Vita Benedetta
Discorsi sulla Spiritualità di Swami Ramakrishnananda Puri

Pubblicato da:
Mata Amritanandamayi Center
P.O. Box 613
San Ramon, CA 94583
Stati Uniti

––––––––––––––– *The Blessed Life (Italian)* –––––––––––––––

Prima edizione a cura del MA Center: agosto 2016

In Italia: www.amma-italia.it

In India:
inform@amritapuri.org
www.amritapuri.org

Dedica

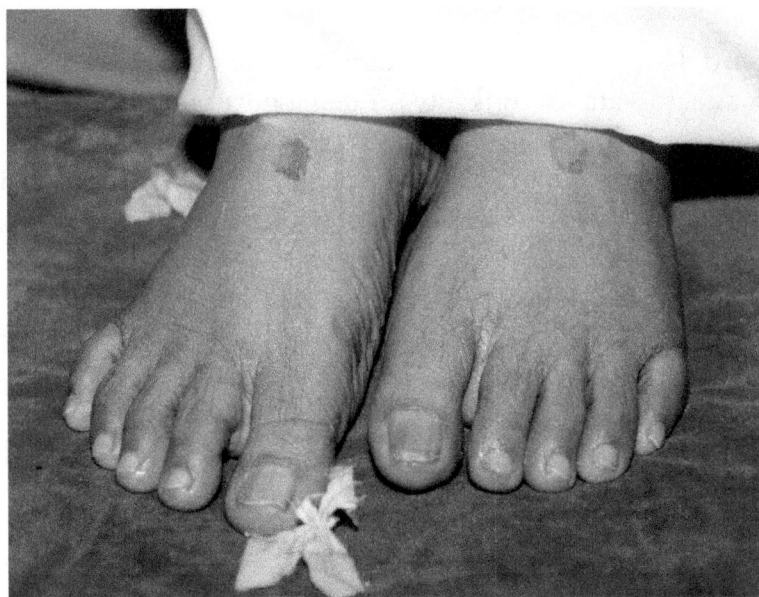

Offro umilmente questo libro ai piedi di loto
del mio amato Satguru,
Sri Mata Amritanandamayi Devi

Durlabhaṁ trayam ev'aitat daiv'ānugraha-hetukam;
manuṣyatvaṁ mumukṣutvaṁ mahā-puruṣa-saṁśrayah.

Tre cose sono difficili da ottenere: una vita umana, il desiderio
di raggiungere la liberazione, e la compagnia delle grandi anime.
Esse sono il risultato della grazia divina.

–Viveka Chudamani I.3

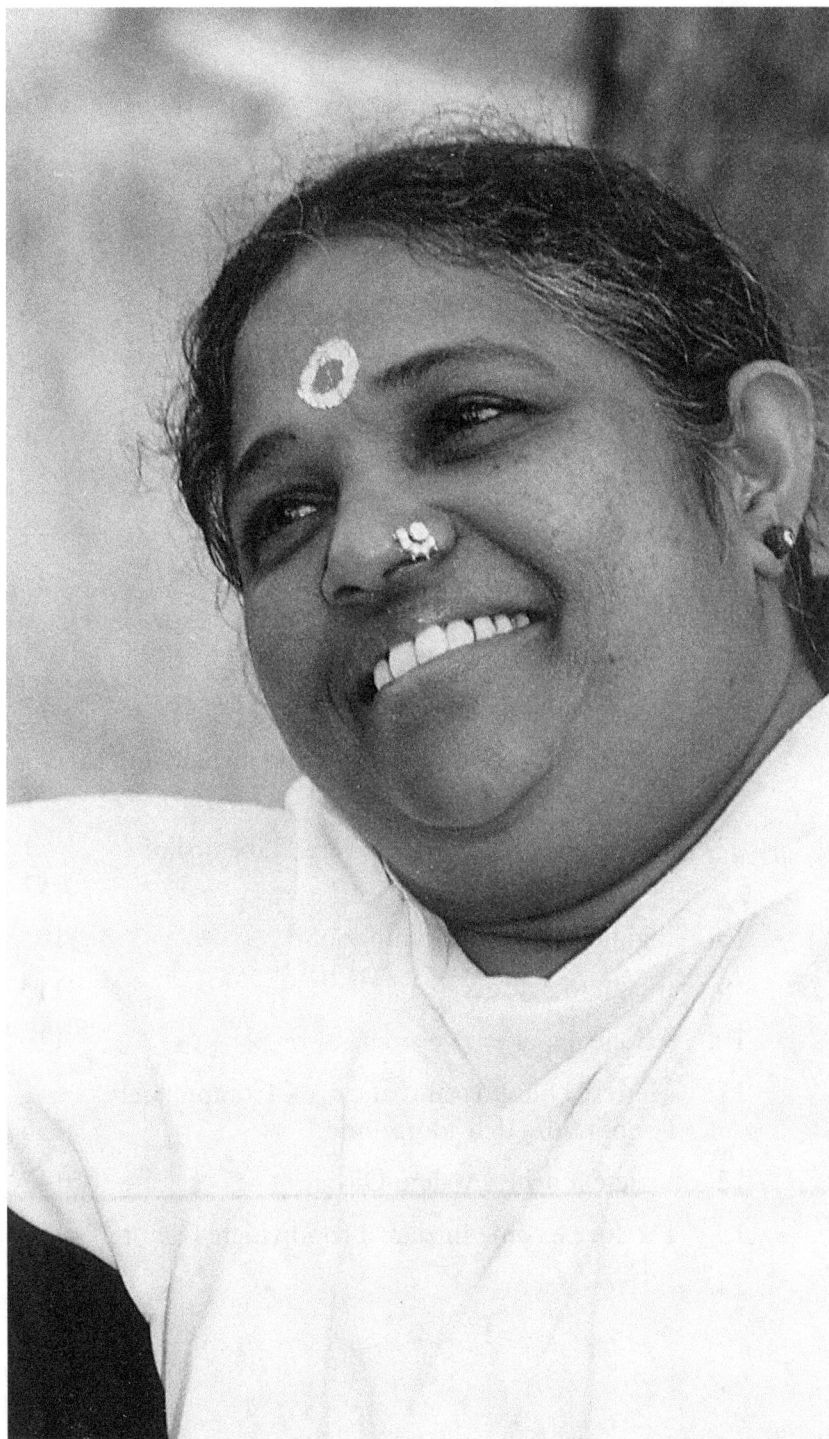

Indice

Introduzione

All'età di 22 anni lavoravo in una banca nel Sud del Kerala e non ero particolarmente interessato alla spiritualità. Ero cresciuto nella tradizione di una famiglia brahmina, ma non avevo mai prestato grande attenzione alla religione o alla spiritualità. Un giorno, in banca, entrò un cliente che cominciò a parlarmi di una giovane santa – conosciuta come "Amma" – che viveva in un villaggio di pescatori non lontano, così una sera, per curiosità, dopo il lavoro decisi di andare a vederLa: desideravo essere trasferito in una banca della mia città e pensai che, se veramente si trattava di una santa, la Sua benedizione avrebbe potuto aiutarmi.

Amma era seduta all'interno di un piccolo tempio. Con mia meraviglia vidi che per benedire le persone le abbracciava una a una. Quando arrivò il mio turno feci come ogni altro: mi inginocchiai di fronte a Lei e Le appoggiai il capo in grembo, ma, quando mi abbracciò, scoppiai profusamente a piangere. Non piangevo dai tempi della scuola, eppure, tra le braccia di Amma, le mie guance erano tutte rigate di lacrime. Non avevo idea di quello che mi stava accadendo; pensai: "Nella mia vita va tutto bene e non sono affatto triste; allora perché sto piangendo?" Mi sentivo come se il cuore si fosse completamente aperto: ero del tutto vulnerabile e, nello stesso tempo, assolutamente al sicuro, sperimentando la meravigliosa leggerezza dell'esistenza. Sebbene avessi voluto chiedere ad Amma una benedizione, scoprii che non potevo dire neppure una parola.

Quella notte, successe qualcos'altro che produsse un'impressione ancora più profonda in me. Il darshan[1] stava per finire e fu chiamata un'ultima persona. Un lebbroso di nome Dattan entrò nel tempio e si avvicinò ad Amma. Egli soffriva di un particolare tipo di lebbra che provocava ferite in molti punti del corpo, e pus e sangue trasudavano dalle piaghe, emettendo un odore forte e disgustoso. Nel tempio, quasi tutti lo guardavano con orrore e totale ripugnanza. Le persone si tappavano il naso con i lembi dei vestiti, e alcune corsero fuori temendo che la malattia di Dattan potesse essere contagiosa. Io pensai di fare lo stesso, ma qualcosa mi fece rimanere e quello che vidi subito dopo sorpassò veramente ogni immaginazione.

Senza dimostrare la più piccola esitazione e con un'espressione di raggiante compassione sul volto, Amma fece posare il capo di Dattan, che si trovava inginocchiato davanti a Lei, nel Suo grembo, e cominciò a esaminarne le ferite. Con mio attonito stupore poi, Amma succhiò il pus da alcune piaghe, lo sputò in un recipiente e leccò altre lesioni applicandovi la Sua saliva.[2] A quella vista, la testa cominciò a girarmi e credetti di essere sul punto di svenire. Altre persone lì vicino chiusero gli occhi, incapaci di guardare quella scena. Amma impiegò circa 10 minuti per finire il lavoro e alla fine applicò della cenere sacra sul corpo del lebbroso.

Pensai: "Sto sognando o tutto questo sta accadendo veramente?" Sentivo che ero alla presenza di qualcuno che in amore e compassione superava perfino Dio. Una madre esiterebbe a fare

---

[1] La parola "darshan" significa letteralmente "vedere". È tradizionalmente usata in riferimento a un incontro con una persona santa, alla vista di un'immagine di Dio, o a una visione di Dio. In questo libro, la parola darshan si riferisce al materno abbraccio di Amma, che è anche una benedizione.

[2] Si dice che la saliva di un Vero Maestro abbia proprietà terapeutiche. Infatti, nell'arco di pochi anni, le piaghe di Dattan si chiusero. Attualmente egli continua a far visita all'ashram; le cicatrici sono ancora visibili, ma Dattan non soffre più della spaventosa malattia.

una cosa simile perfino al suo stesso figlio, ma qui c'era una persona che la stava facendo a un lebbroso, sconosciuto e mendicante! Istintivamente pensai che il lebbroso fosse più al sicuro con Amma che in qualunque altro posto nel mondo intero. In quel momento decisi che, costasse quel che costasse, sarei rimasto con Amma per sempre e non l'avrei mai più lasciata. Quando tornai, la volta successiva, Amma mi chiese di mettermi seduto vicino a Lei e di meditare. Le dissi che non avevo mai meditato in tutta la mia vita. Ella sorrise e aggiunse: "Non importa, siediti qui e chiudi gli occhi". Feci semplicemente quello che mi aveva chiesto di fare, chiusi gli occhi, e presto sperimentai una pace profonda e ineffabile. Li riaprii dopo quelli che consideravo fossero pochi minuti e scoprii che ero rimasto seduto per tre ore! Pensai che il mio orologio non funzionasse bene e chiesi l'ora a un'altra persona: erano davvero trascorse tre ore. Provai un profondo senso di gioia e appagamento.

Il giorno dopo stavo ancora sperimentando quel meraviglioso senso di leggerezza. Andai in banca ma non potei concentrarmi sul lavoro perché mi sentivo distaccato da tutto. Ci volle quasi una settimana perché tornassi a sentirmi più o meno come al solito. E ancora, non potevo dimenticare Amma e il dono inesplicabile che mi aveva fatto, semplicemente con l'essere quello che era.

La terza volta che andai da Amma, Ella mi regalò una piccola immagine di Madurai Minakshi – una forma della Madre Divina – la cui immagine è installata in una famoso tempio nella città di Madurai, dove sono nato. Avevo sempre adorato quella particolare divinità, ma come poteva saperlo Amma?

Dopo queste esperienze iniziali, mi domandavo spesso: "Chi è Amma esattamente?" Talvolta Glielo chiedevo direttamente, ma Lei non mi rispondeva mai, limitandosi semplicemente a sorridere. Poi, un giorno, inaspettatamente, mentre stavo meditando sulla forma di Minakshi Devi, interiormente vidi Amma che si avvicinava alla forma della Dea e si fondeva in Lei. Compresi che questa era la risposta alla mia domanda: Amma non era altri che la Madre Divina in persona. Questa è la mia ferma convinzione.

Prima di incontrare Amma, i miei problemi più grandi riguardavano il letto non abbastanza confortevole della stanza che avevo in affitto e il cibo non sufficientemente saporito. Mi mancavano continuamente la cucina di mia madre e il buon letto di casa. Vivendo con Amma, mi ritrovai improvvisamente a dormire ogni notte sulla nuda sabbia, e il poco cibo che c'era da mangiare era estremamente ordinario, tuttavia mi sentivo completamente soddisfatto.

Amma mi indicò che ciò che è veramente importante nella vita non sono i comfort del corpo o quella fluttuante felicità che può essere ottenuta dai piaceri materiali e dalle relazioni mondane, ma la Realizzazione dell'*Atman*, la luce della Coscienza che pervade, sostiene e illumina l'intero universo ed è il Vero Sé di tutti gli esseri.

Quelli che hanno una minima educazione religiosa pensano che l'uomo abbia un'anima, che è però generalmente considerata un'entità finita, separata e dotata di quasi altrettante limitazioni del corpo fisico. Al contrario, il *Sanatana Dharma* ci insegna che esiste una sola Anima, presente in tutti gli esseri. Quest'Anima, o Sé, può essere definita consapevolezza, o 'Io', senza condizioni o circostanze connesse. Se guardiamo profondamente all'interno di noi stessi, alla fine scopriremo che questo 'Io' è la sola cosa immutabile in un mondo impermanente, che pervade tutto e che sperimentare questo 'Io' allo stato puro equivale a essere assorbiti in una beatitudine suprema e senza fine.

Un giorno, qualcuno chiese al Mullah Nasrudin: "Che cosa ha più valore per l'umanità, il sole o la luna?"

"La luna, ovviamente", rispose il Mullah senza battere ciglio, "abbiamo bisogno di maggior luce la notte!"

Proprio come il Mullah non comprendeva che la luna risplende solo grazie alla luce del sole, così noi dimentichiamo che nell'universo tutto deriva la sua bellezza e il suo fascino dalla luce dell'Atman. Se vogliamo condurre la vita benedetta che Amma ci sta offrendo, dobbiamo imparare a focalizzarci maggiormente sul nostro Vero Sé. Questo non significa che non dovremo più gioire delle cose che il mondo ha da darci, ma piuttosto che non potremo più ignorarne completamente la sorgente. Amma fa l'esempio di un picnic. Anche quando ci stiamo rilassando in un parco, godendoci il panorama, i suoni e il cibo delizioso che abbiamo portato con noi, non dimentichiamo mai la nostra casa e il fatto che prima o poi dovremo ritornarci. Allo stesso modo, non dobbiamo mai dimenticarci del nostro Vero Sé, l'Atman, e il fatto che solo Quello rimarrà con noi per l'eternità.

Le benedizioni di Amma sono sempre disponibili: riceverle o no dipende dalla nostra ricettività. Se un secchio è capovolto, non potrà riempirsi neppure sotto un acquazzone torrenziale. Se ci dimentichiamo di aprire le finestre, una stanza rimarrà buia perfino nella giornata più luminosa. Analogamente, per diventare ricettivi, è forse necessario correggere in certa misura il modo in cui conduciamo la nostra vita. In questo libro cercheremo di esplorare i tipi di azioni e comportamenti che possiamo adottare per purificarci e consentire alla grazia di Amma di fluire in noi, rendendo la nostra vita veramente benedetta.

Swami Ramakrishnananda Puri
Amritapuri
27 settembre 2005

La vita di Amma raccontata da Lei

"Finché queste mani avranno forza sufficiente per tendersi verso coloro che vengono da Lei e per posarsi sulle spalle di una persona in lacrime, Amma continuerà a farlo... Accarezzare amorevolmente le persone, consolare e asciugare le loro lacrime fino alla fine di questo corpo mortale – questo è il desiderio di Amma".

—Amma

Nata in un remoto villaggio della costa del Kerala, nell'India del Sud, Amma afferma di aver sempre saputo che oltre questo mondo di nomi e forme mutevoli esiste una realtà più alta. Fin da bambina, Amma ha sempre espresso amore e compassione per tutti. Ella dice: "Un ininterrotto flusso d'amore fluisce da Amma verso tutti gli esseri dell'universo. Questa è la Sua innata natura".

Dei Suoi primi anni, Amma ricorda: "Fin dall'infanzia, Amma si chiedeva perché nel mondo le persone dovessero soffrire. Perché devono essere povere? Perché devono patire la fame? Per esempio, nella zona dove Amma è cresciuta, la gente è dedita alla pesca e quando esce in mare per pescare ma non prende nulla, non avrà nulla da mangiare, anche per parecchi giorni. Amma imparò a conoscere molto bene gli abitanti del villaggio e, osservando le loro vite e difficoltà, ebbe numerose occasioni per capire la natura del mondo.

"Amma era solita svolgere tutti i lavori domestici e uno di questi consisteva nel dare da mangiare alle numerose mucche e capre della famiglia. Per fare questo, ogni giorno, Ella doveva recarsi nel vicinato, in 30 o 40 case, per raccogliere bucce di tapioca e altri avanzi simili. Ogni qualvolta visitava queste case, trovava sempre persone che soffrivano: alcune a causa della vecchiaia, altre per la povertà, altre ancora per qualche malattia. Amma sedeva con loro, ne ascoltava i problemi, ne condivideva la sofferenza e pregava per loro.

"Quando aveva tempo, Amma era solita portare queste persone nella casa dei Suoi genitori dove offriva loro un bagno caldo e del cibo; ogni tanto rubava perfino degli oggetti da casa Sua per darli a queste famiglie bisognose.

"Amma notò che, da piccoli, i figli dipendono completamente dai genitori e perciò pregano affinché vivano a lungo e senza malattie. Ma, una volta cresciuti, questi stessi figli considerano dei pesi i loro genitori, ormai anziani. Pensano: 'Perché devo fare tutto questo lavoro per i miei genitori?' Dare loro da mangiare, lavare i loro vestiti e trattarli con amore diventa un fardello per quegli stessi figli che in precedenza pregavano che i genitori potessero vivere a lungo. Amma continuava a chiedersi: 'Perché ci sono tante contraddizioni in questo mondo? Perché non c'è vero amore? Qual è la reale causa di tutta questa sofferenza e qual è la soluzione?'

"Già dall'infanzia, Amma sapeva che solo Dio – il Sé, il Potere Supremo – è Verità e che il mondo non è la realtà assoluta, e per questo trascorreva lungo tempo in profonda meditazione. I genitori di Amma e i Suoi parenti non comprendevano quello che stava accadendo e, a causa della loro ignoranza, cominciarono a rimproverarLa e a opporsi alle Sue pratiche spirituali".

Ma Amma era immersa nel Suo mondo, totalmente indifferente alle critiche e alle punizioni della Sua famiglia. In quel periodo, Amma dovette passare giorni e notti fuori casa, sotto il cielo aperto, dimenticando cibo e sonno; furono gli animali e gli uccelli a prendersi cura di Lei, portandoLe del cibo e scuotendoLa dai Suoi profondi stati meditativi.

Amma dice: "In meditazione e durante il giorno, Amma indagava sulla fonte di tutto il dolore e della sofferenza che vedeva intorno a Sé. A un certo punto capì che la sofferenza dell'umanità era dovuta al *karma* delle persone, il frutto delle loro azioni passate. Ma Amma non era soddisfatta di questa risposta e andò più a fondo, finché dall'interno arrivò la risposta: "Se la sofferenza è il loro karma, non è forse tuo *dharma*[1], aiutarli? Se qualcuno cade in una buca profonda, è giusto continuare a camminare, dicendo: 'Oh, è il suo karma'? No, è nostro dovere aiutarlo a uscirne".

"Facendo l'esperienza della Sua unità con tutto il Creato, Amma realizzò che lo scopo della Sua vita era di elevare l'umanità sofferente. Fu allora che Amma diede inizio a questa missione spirituale: ricevendo individualmente le persone diffonde il messaggio di Verità, amore e compassione in tutto il mondo".

Attualmente, Amma trascorre la maggior parte dell'anno viaggiando in tutta l'India e nel mondo per alleviare il dolore dell'umanità attraverso le Sue parole e il conforto del Suo abbraccio amorevole. Nel Suo ashram risiedono 3000 persone, mentre migliaia, provenienti da tutta l'India e da tutto il mondo, lo visitano ogni giorno. Residenti dell'ashram e visitatori sono ispirati dall'esempio di Amma e si dedicano al servizio dell'umanità. Attraverso la vasta rete di attività caritatevoli di Amma, essi costruiscono case per i senza tetto, distribuiscono pensioni ai poveri, forniscono cure mediche agli ammalati e, ovunque, tantissime persone stanno contribuendo a questo impegno amorevole. Recentemente, Amma ha ricevuto un riconoscimento internazionale per aver stanziato più di 23 milioni di dollari

---

[1] In sanscrito, dharma significa "ciò che sostiene (la creazione)". È un termine usato per indicare cose diverse in momenti differenti, o più accuratamente, differenti aspetti della stessa cosa. Qui, la traduzione diretta più pertinente è "compito, dovere". Altri significati includono: giustizia, armonia.

per le vittime dello tsunami, in India, in Sri Lanka e nelle Isole Andamane e Nicobare.

"Alla fine", afferma Amma, "l'amore è la sola medicina che può guarire le ferite del mondo. In questo universo, è l'amore che tiene insieme ogni cosa. Quando in noi sorgerà questa consapevolezza, nei cuori cesserà ogni disarmonia e regnerà soltanto la pace". ❖

Parte 1

Tenere conto delle benedizioni ricevute

"La vita umana è preziosa. È un dono di Dio".

—Amma

Capitolo 1

La benedizione di una vita umana

Sebbene Dio sia presente in tutti gli esseri, in tutti gli oggetti e nello spazio tra questi, soltanto noi esseri umani abbiamo la capacità di realizzare la nostra innata unità con la Coscienza Suprema che pervade tutto il Creato. Il vero scopo della vita infatti è raggiungere questa Realizzazione e se non ci impegniamo nello sforzo di conseguire tale obiettivo, ci troveremo a sprofondare sempre di più nella melma dell'attaccamento e della connessa sofferenza. Se non presteremo estrema attenzione ai nostri pensieri, parole e azioni, potremo perfino rinascere in una forma di vita inferiore.

Si dice che, prima di ottenere la vita umana, un'anima debba evolvere attraverso milioni di forme di esistenza più basse – dal filo d'erba all'albero, dal verme all'uccello che lo mangia, e in molte altre forme di tutte le fogge e dimensioni. La tradizione buddhista fa l'esempio dell'uccello che stringe un nastro di seta nel becco. Una volta l'anno, l'uccello vola sopra la cima di una montagna, sfiorando lievemente la vetta con il nastro di seta. La storia dichiara che il tempo necessario all'uccello per erodere la montagna col nastro non è niente confrontato al tempo di cui ha bisogno un'anima per evolvere fino allo stato di essere umano. Da questo possiamo comprendere quanto sia preziosa una vita umana.

La vita umana è una benedizione, ma, se non ne facciamo un giusto uso, può diventare una maledizione. Abbiamo tutti udito qualcuno dire, in un momento di disperazione: "Vorrei morire", ma supponiamo di avvicinarci a questa persona così abbattuta e offrirle un milione di dollari in cambio delle sue mani: forse accetterebbe di cedere un rene, ma non vorrà mai dare via le sue mani, né offrirà le gambe, gli occhi, la testa, o il cuore – e la lista potrebbe continuare a lungo. Ho letto recentemente in una rivista che per compiere meccanicamente tutte le funzioni svolte dal fegato umano non basterebbe una sola apparecchiatura, ma sarebbe necessaria una intera fabbrica del valore di milioni di dollari. Considerando la situazione da questo punto di vista, vediamo che Dio ha fatto un vero investimento a nostro favore! Amma dice che perfino un normale corpo umano, tralasciando le connesse qualità umane, è senza prezzo. Sfortunatamente, la maggior parte di noi non ha la minima idea di quale uso fare del prezioso dono di una vita umana. Prima di conoscere Amma, io mi trovavo in una condizione simile: non avevo nessuna idea del perché si vive e del modo in cui bisogna vivere.

Quando acquistiamo una nuova apparecchiatura, nella scatola troviamo sempre un manuale di istruzioni con tutte le informazioni necessarie per utilizzare l'articolo in modo sicuro ed efficace, insomma per trarne il meglio.

Ma c'è un acquisto per il quale non abbiamo un manuale d'uso. Quando siamo nati, non abbiamo ricevuto un manuale d'uso per il nostro corpo, né una guida con le istruzioni per vivere felicemente e per realizzare lo scopo della nascita in questo mondo.

Se un tale manuale esistesse, non vorremmo forse leggerlo? Non vorremmo scorrerlo minuziosamente ogni giorno? In verità, un simile manuale d'uso per la vita umana esiste veramente: la vita e gli insegnamenti di un *Satguru* come Amma rappresentano per noi la guida migliore per vivere la nostra vita in tutta la sua potenzialità, nella massima armonia con tutta la creazione.

L'essere umano non è stato creato semplicemente per vivere come ogni altro animale, impegnato a mangiare, dormire, procreare e sopravvivere. Lo scopo della nascita umana e del corpo umano è di ascendere alle altezze della Realizzazione del Sé, o capire che la nostra vera natura non è altro che la Coscienza Suprema. Naturalmente, ci saranno difficoltà e ostacoli – più grande è la meta, maggiori le difficoltà. Per esempio, in una spedizione spaziale sono implicati molti pericoli e sfide: il razzo deve liberarsi dalla gravità terrestre, resistere al tremendo calore dell'atmosfera esterna e restare esattamente nell'orbita prefissata. Se qualcosa andasse storto, gli esseri umani all'interno potrebbero perdere la vita, eppure essi rischiano tutto per quell'obiettivo. Se il razzo rimanesse a terra, non ci sarebbe alcun pericolo, ma il vero fine di un razzo è l'esplorazione dello spazio, giusto? Qual è il senso di un razzo che non si alza mai da terra?

In modo analogo, non è molto pericoloso per un essere umano vivere semplicemente come un animale, focalizzandosi sul cibo e sul sonno, ma non è neppure probabile che vi possa essere qualche grande conquista. Nessuno ci costringerà a intraprendere il cammino spirituale: sta ad ognuno di noi decidere che cosa fare della propria vita. Ma, come dopo aver letto il manuale d'uso per una particolare apparecchiatura ci sentiremo naturalmente spinti a cercare di farla funzionare nel miglior modo possibile, similmente, quando studiamo con sincerità la vita e gli insegnamenti dei Maestri, leggiamo le Scritture e cerchiamo di mettere in pratica nella nostra vita i princìpi spirituali, vorremo certamente ottenere il massimo da questa rara e preziosa benedizione che è la vita umana. ❖

Capitolo 2

Sapere ciò che non sappiamo

Un tale entra in un ospedale psichiatrico e vede due gentiluomini seduti a una scrivania. Entrambi sono ben vestiti, di bell'aspetto, e sembrano perfettamente normali. Impressionato dalla loro apparenza, il visitatore si avvicina a uno dei due, e dice: "Mi scusi, signore, potrebbe dirmi perché l'altro gentiluomo si trova qui, in questo ospedale? Sembra così normale".

Il primo uomo risponde: "Oh, quello è completamente matto, pensa di essere Gesù Cristo".

Divertito, il visitatore gli chiede ancora: "E lei come fa a sapere che non lo è?"

Il primo uomo risponde: "Perché io sono Dio e non ne so niente!"

Questa risposta sembra pazzesca, ma quello che l'uomo ha detto è la verità: "Io sono Dio, e non ne so niente!" Infatti, noi siamo Dio ma non ne siamo consapevoli, e anche quando lo sappiamo a livello intellettuale, ciò non fa parte della nostra esperienza.

Tutti i Grandi Maestri hanno cercato di portarci alla Realizzazione di questa Verità. Gesù ha detto: "Ama il prossimo tuo come te stesso". Maometto disse: "Se l'asino del tuo nemico si ammala, curalo come fosse tuo". Amma si esprime ancora più schiettamente. "Voi non siete differenti da me: io sono voi e voi siete me". Possiamo dubitare della veridicità delle parole di

Amma, ma non c'è dubbio che, più che una fede, questa è la Sua personale esperienza.

Sarebbe possibile per Amma passare così tanto tempo prendendosi il mondo sulle spalle – per giorni, mesi e anni – se non sentisse come propri il nostro dolore e la nostra sofferenza, se non considerasse i nostri problemi come Suoi problemi? Abbiamo forse già sentito dire molte volte che negli ultimi 30 anni Amma ha dato il darshan a 24 milioni di persone, ma abbiamo mai considerato cosa questo significhi veramente? Nel 2002 la dott.sa Jane Goodall consegnò ad Amma il Premio Gandhi-King per la non-violenza annunciando che Amma aveva dato il darshan a 21 milioni di persone. Poi fece una pausa e aggiunse: "Pensateci… 21 milioni di persone". Il pubblico rifletté per un secondo e poi, istantaneamente, scoppiò in un fragoroso applauso. Quando analizziamo la vita di Amma e il modo in cui l'ha vissuta, vediamo chiaramente che Ella è il perfetto esempio delle più alte verità espresse nelle Scritture: io sono voi e voi siete me.

Amma sa che insegnare la teoria attraverso le sole parole non è sufficiente per determinare un cambiamento nel mondo. Ecco perché parla per 30-45 minuti, poi dà il darshan come se niente fosse, da un minimo di 6 fino a 24 ore di seguito, se necessario. In questo modo Ella ci dimostra come vedere Dio in ogni essere e in ogni cosa.

Senza tale esempio davanti, noi tenderemmo a obbedire ai comandi della mente, che sono motivati soltanto da attrazioni e repulsioni egoistiche. Il luminoso esempio dei saggi dei tempi antichi è sempre stato a nostra disposizione, e anche Amma lo è, qui e ora. Se non facciamo il necessario sforzo per imparare da Lei come usare correttamente questa nascita umana e come realizzare lo scopo della vita, è inutile incolpare il nostro creatore – Dio – per i problemi che noi stessi creiamo.

Il filosofo greco Epiteto scrisse: "È impossibile che qualcuno cominci a imparare quello che pensa già di conoscere". Per approfittare della vantaggiosa opportunità di apprendere da un Vero Maestro, dobbiamo essere pronti ad ammettere che attualmente non sappiamo nulla su come condurre la nostra vita in modo intelligente, o che per lo meno vi sono cose che non sappiamo.

Durante uno dei recenti tour europei di Amma, un gruppo di giovani, all'apparenza teppisti, entrò nella sala del darshan. Erano ragazzi turbolenti e chiassosi e alcune persone cominciarono a lamentarsi con gli organizzatori del loro comportamento irrispettoso. Sembravano ubriachi, o perfino drogati, e tutti i presenti cominciarono a stare in guardia. Dopo un poco, gli organizzatori si accorsero che un ragazzo del gruppo era svenuto. Immediatamente, tutti pensarono che la causa fosse una super-ubriacatura o un'overdose. Dopo aver chiamato un'ambulanza, informarono Amma della situazione, aggiungendo che il ragazzo sembrava ubriaco. Amma disse di portare subito il giovane da Lei.

Amma gli diede un'occhiata e poi gli mise un cioccolatino in bocca, suggerendo di lasciarlo steso da qualche parte. I devoti La guardavano con ansia mentre gestiva la situazione. Anch'io ero piuttosto preoccupato e Le dissi: "Dare dei dolci a un ubriaco non farà altro che aggravare l'ebbrezza".

Come sempre, in risposta Amma mi diede un ottimo consiglio spirituale: "Fa' silenzio".

Alcuni minuti dopo arrivarono i paramedici, che visitarono attentamente il giovane. Contrariamente alle aspettative di tutti, il solo problema del ragazzo era un livello di zuccheri nel sangue pericolosamente basso. I paramedici dissero che Amma aveva fatto esattamente la cosa giusta: dargli una dose di zucchero. Quando Amma visitò quella città, la volta successiva, il giovane portò da Lei molti amici. La prima volta era venuto solo per divertirsi, la seconda per cercare veramente la grazia di Amma.

Certamente la natura umana è tale che noi pensiamo sempre di avere ragione. Abbiamo tanti preconcetti e nozioni errate su noi stessi, sugli altri e su quello che è meglio nella vita per noi e per loro; siamo molto riluttanti ad abbandonare questi pregiudizi anche quando si dimostrano completamente errati. Ciò mi ricorda una storia che ho sentito una volta su un uomo che, per strada, si imbatté in un vecchio amico. Egli scrutò la persona di fronte a lui e, benché quasi non la riconoscesse, era certo che si trattasse del suo vecchio amico. Precipitandosi verso di lui, gli diede una pacca sulla schiena, gridando: "Ehi, Joe! Come stai vecchio mio? Non ti vedo da anni! Sai che non ti avevo quasi riconosciuto? Avrai messo su 30 chili e sembri anche essere diventato più alto di 40 centimetri. In più, vedo che ti sei fatto rifare il naso, e ti sei tinto i capelli! Non posso credere ai miei occhi!"

Lo sconosciuto, completamente perplesso, rispose: "Mi dispiace, signore, ma non mi chiamo Joe".

Scioccato, l'uomo replicò: "Mio Dio! Hai cambiato anche nome!"

Analogamente, noi facciamo sempre in modo di manipolare mentalmente l'evidenza che si presenta davanti a noi, per quanto palese sia, e di forzarla ad adattarsi ai nostri preconcetti in modo da non dover cambiare il nostro comportamento o i nostri schemi di pensiero. La mente cercherà di ignorare i fatti cercando delle strade per giustificare le nostre idee e opinioni, perfino davanti alle parole e alla guida di Amma, che rappresentano la via migliore per risvegliarci e rimuovere la nostra ignoranza.

Per esempio, Amma ci ripete sempre di non sentirci tristi rimuginando sul passato, né di essere ansiosi preoccupandoci del futuro. Dopo avere ascoltato queste parole, uno studente universitario una volta disse ad Amma: "Poiché ci hai detto di non preoccuparci del futuro, ho deciso di non studiare per i miei imminenti esami. Andrò al cinema e a fare del surf, invece".

Ovviamente, questo è una interpretazione sbagliata dell'insegnamento di Amma.

È come la storia del dottore che decise di rivelare ad un paziente che aveva i giorni contati. "Se vuole sapere la verità, non credo che le rimanga molto da vivere: lei è gravemente ammalato. C'è qualcuno che desidererebbe vedere?"

Piegandosi sul paziente, il medico lo udì affermare flebilmente: "Sì".

"Chi?", chiese il dottore

Con un timbro di voce lievemente più forte, il moribondo disse: "Un altro dottore".

Questa è la storia della nostra relazione con Amma. Fortunatamente Amma ci dà infinite occasioni per imparare e ci aiuta a cambiare il nostro modo di pensare. Ella ha addirittura detto che per il bene dei Suoi figli è pronta a reincarnarsi innumerevoli volte. Attraverso i Suoi insegnamenti e con l'esempio della Sua vita, Amma rimuove i nostri preconcetti sulla natura della realtà, rimpiazzandoli con una visione chiara della natura del mondo e del nostro Vero Sé. Grazie a questa comprensione sbocceranno naturalmente in noi la pace, l'amore e virtù come la pazienza, la gentilezza e la compassione. ❀

Capitolo 3

Mondo mutevole, Sé immutabile

Un giorno, Il re ebreo Salomone decise di umiliare il suo più fidato ministro e gli disse: "Benaiah, voglio che tu mi porti un certo anello entro sei mesi".

"Vostra maestà, se esso esiste su questa terra", rispose fiducioso Benaiah, "io troverò e ve lo porterò. Che cosa lo rende così speciale?"

"Possiede poteri magici", rispose il re con una franca espressione sul volto. "Se un uomo felice lo guarda, diverrà triste e, se invece lo guarda un uomo triste, costui diventerà felice". Salomone sapeva che nessun anello del genere esisteva al mondo, ma, volendo dare un piccolo assaggio di umiltà al suo ministro, lo stava incaricando di una missione impossibile.

Passarono la primavera e poi l'estate e, nonostante avesse cercato in lungo e in largo per tutto il regno, Benaiah non aveva ancora idea di dove trovare l'anello. Quando arrivò l'ultima notte prima dello scadere dei sei mesi, egli capì che sarebbe dovuto ritornare sconfitto dal re; decise allora di andare a fare un giro in uno dei quartieri più poveri di Gerusalemme. Passando davanti a un vecchio mercante che aveva appena cominciato a disporre le sue mercanzie su un logoro tappeto, e non avendo nulla da perdere, Benaiah chiese: "Hai per caso sentito parlare di un anello magico che, indossato, fa dimenticare la gioia a chi è felice, e scordare il dolore a chi ha il cuore spezzato?"

Il vecchio mercante non parlò, ma prese dal suo tappeto un comune anello d'oro e vi incise sopra qualcosa. Quando Benaiah lesse le parole sull'anello, sul suo viso si impresse un ampio sorriso. Quella notte, Benaiah andò dal re che si trovava alla corte con tutti i suoi ministri. "Bene, amico mio", ammiccò Salomone, "mi hai portato quello che ti avevo mandato a cercare?" Tutti i ministri risero di cuore, ansiosi di vedere il loro pari ammettere la sua imbarazzante sconfitta.

Con sorpresa di tutti, Benaiah mostrò il piccolo anello d'oro e dichiarò: "Eccolo, Maestà!" Quando Salomone lesse l'iscrizione, il sorriso scomparve dal suo volto. Nell'anello, il mercante aveva infatti inciso: "Anche questo passerà". In quel momento Salomone comprese che, in verità, tutta la sua ricchezza, il potere e l'influenza, lo avrebbero abbandonato e che egli stesso non avrebbe potuto evitare di essere, un giorno, nient'altro che polvere.

Nel *Dhammapada*, Buddha dice:

> *Né in cielo,*
> *Né in mezzo all'oceano,*
> *Neppure nella profondità delle montagne,*
> *In nessun luogo*
> *Potrai nasconderti alla tua morte.*

Amma ci dice di ricordare sempre che tutto quello che troviamo nel mondo intorno a noi è mutevole e impermanente, compreso il nostro corpo, ma aggiunge che questa consapevolezza non deve farci annegare nella disperazione. Accompagnata dalla conoscenza che il nostro Vero Sé è immutabile ed eterno e che la sua natura è la beatitudine suprema, questa consapevolezza può aiutarci a creare una scala di priorità e ispirarci a inseguire il dharma supremo della Realizzazione del Sé. Amma afferma che noi poniamo sempre al primo posto il corpo e all'ultimo Dio, o Sé, quando invece dovremmo assegnare il primo posto al Sé. Se impariamo a dare il giusto valore al nostro corpo e agli altri oggetti del mondo

– e l'appropriato valore al nostro Atman – potremo usare il corpo impermanente come veicolo per realizzare l'Atman Eterno. Anche se l'ombra prodotta da un albero è fondamentalmente impermanente, è utile: possiamo rimanere al suo riparo per trovare sollievo dal sole cocente. In modo analogo, anche se il corpo e tutti gli oggetti del mondo sono impermanenti, ciascuno di essi possiede il suo uso pratico; il problema sorge soltanto quando diamo loro troppa importanza o ci aspettiamo di ricevere da essi qualcosa che non sono in grado di darci.

Nella storia dell'India, si parla di un grande e potente sovrano chiamato Bhartrihari. Proprio come il re Salomone, anch'egli ricevette una dura lezione su ciò che è impermanente. Dopo essere stato incoronato re, Bhartrihari si attaccò talmente a sua moglie, la regina Pingala, da passare la maggior parte del tempo con lei, a scapito dei doveri di sovrano. Quando uno dei suoi consiglieri cercò di parlargli per farlo riflettere, Bhartrihari lo esiliò dalla città.

Un giorno, un eremita in visita a palazzo offrì al re un frutto speciale assicurandogli che mangiare quel frutto avrebbe garantito l'eterna giovinezza; così, a causa del suo ossessivo attaccamento a Pingala, il re non lo mangiò lui stesso, ma lo diede alla regina, poiché non poteva sopportare il pensiero che la fresca bellezza di lei scomparisse col passare del tempo.

La regina prese il frutto e promise di mangiarlo dopo il bagno. Il re ignorava che Pingala era innamorata di uno stalliere del palazzo; quella notte, di nascosto, la regina portò il frutto fuori della reggia e glielo diede. Ma, all'insaputa della regina, il cuore dello stalliere apparteneva a una prostituta del luogo, e così anch'egli non mangiò il frutto, ma lo offrì all'amata. Nonostante il suo mestiere, la prostituta conosceva il senso del dharma, e decise che quel frutto sarebbe stato sprecato per chiunque altro che non fosse il re.

Dunque, il giorno successivo a quello in cui il re aveva donato il frutto incantato alla moglie, la prostituta entrò a corte mentre era riunito il consiglio, ed esitante lo porse al re, spiegandogli contemporaneamente il suo potere.

Vedendo quel frutto in mano alla prostituta, il re si sentì confuso: pretese che gli dicesse dove lo aveva preso e così lei ammise di averlo ricevuto dallo stalliere del palazzo. Immediatamente, il re chiamò a corte lo stalliere, il quale, credendo che solo la sincerità gli avrebbe potuto salvare la vita, confessò che lo aveva ricevuto da nient'altri che la regina.

La notizia rappresentò un vero shock per re Bhartrihari, ma nello stesso tempo fu una benedizione: ora era in grado di superare il suo irragionevole attaccamento verso la moglie e rendersi conto che ogni amore terreno ha le sue limitazioni. Il re divenne tanto distaccato dalla promessa di felicità degli oggetti del mondo che rinunciò al regno con tutto il suo potere e i suoi piaceri e si ritirò nella foresta in cerca della pace eterna donata dalla conoscenza del Sé.

Questo non significa che abbiamo bisogno di un grande shock sul cammino per realizzare l'impermanenza di tutto quello che chiamiamo nostro. Possiamo raggiungere facilmente questa convinzione ascoltando le parole delle Scritture e dei Veri Maestri e, se queste non sono abbastanza convincenti, è sempre possibile trovare nel mondo un'abbondanza di dimostrazioni che le convalidano.

Dopo il devastante tsunami del dicembre 2004, Amma commentò che esso rappresentava un avvertimento, ma che nessuno lo aveva ascoltato. Invitò gli ashramiti e gli altri a riflettere su quello che si può imparare dallo tsunami.

"Situazioni inaspettate come questa ci insegnano che nulla ci appartiene veramente", disse Amma in quella occasione. "Noi ci attacchiamo alle cose e alle persone, pensandole nostre, ma tali situazioni rivelano che nulla è realmente tale; in breve, neppure la nostra stessa vita ci appartiene!

"Vedere un incidente sulla strada davanti a noi, proprio davanti ai nostri occhi, serve a renderci maggiormente attenti; situazioni simili ci aiutano a generare una consapevolezza interiore che ci indica la strada e come proseguire.

"Noi ci aggrappiamo all'idea di 'me' e 'mio'. Tutti dicono: "Io ho fatto questo, io ho fatto quello", ma da dove proviene questo 'io'? Vediamo il sole solo grazie alla luce del sole. Quello che chiamiamo nostro non è veramente nostro – quello che Egli ci dà, Egli ci toglie. Egli dà, e noi accettiamo, e quando vuole, Egli riprende... è con questo atteggiamento che dovremmo accogliere le situazioni della vita".

Le parole di Amma ricordavano la coraggiosa reazione degli abitanti del Gujarat dopo il devastante terremoto del 2001 che rase completamente al suolo interi villaggi. La maggior parte dei nuclei familiari avevano perduto uno o più cari e persino il tetto sulla testa. Quando Amma fece loro visita e chiese come stessero, essi risposero con sorprendente equanimità ed equilibrio: "Stiamo bene", dissero ad Amma, "Dio si è ripeso quello che ci aveva dato".

Mentre godiamo degli oggetti del mondo, sperimentiamo una temporanea felicità. Anziché permettere a questa gioia momentanea di aumentare la nostra fede nel mondo, dovremmo ricordare che la nostra vita è come un pendolo che sta semplicemente guadagnando slancio per oscillare verso il dolore, la cui intensità equivarrà a quella della felicità. Amma afferma che la vera pace e l'appagamento possono essere trovati soltanto quando il pendolo rimane immobile nel centro. Questa non è una mera legge arbitraria: è il risultato logico del fare affidamento sulle condizioni esterne per provare felicità. Quando queste condizioni muteranno, sperimenteremo dolore e, perfino se non cambieranno, la felicità non sarà destinata a durare. Per esempio, anche se apprezziamo veramente un determinato film, supponiamo che qualcuno ci dica che quel film sarà proiettato di continuo e non potremo più uscire dalla sala: la nostra felicità scomparirebbe in un attimo. Ancora, forse amiamo i gelati, ma quanto gelato possiamo mangiare prima di sentirci male? Arriverà un punto in cui non riusciremo a prenderne più nemmeno un altro cucchiaio! Questo dimostra che la gioia non è inerente a questi oggetti ed esperienze – perfino la fievole felicità che deriviamo dal mondo è passeggera. La sola via per trovare la vera gioia è guardare all'interno e trovare l'immutabile Sé.

La gente comune prova felicità soltanto grazie a qualcosa – generalmente un qualche tipo di piacere sensoriale, ascoltando parole di elogio, o quando raggiunge un determinato scopo. I *Mahatma*[1], invece, sono in grado di sperimentare la felicità senza l'ausilio di alcun mezzo. Quando Amma era costretta a vivere fuori di casa, all'aperto, sopportando il sole cocente e la pioggia battente, oltre ai maltrattamenti e perfino agli attentati alla Sua vita, era solita sedere immersa in meditazione per ore. Che cosa faremmo noi se ci trovassimo in una situazione simile? Non potremmo riposare a meno di non aver trovato un confortevole hotel, o almeno un amico con cui stare. La preoccupazione successiva riguarderebbe il mangiare qualcosa, preferibilmente in compagnia di qualcuno su cui riversare tutto il nostro dolore parlando di tutte le ingiustizie subite. Amma, invece, non era

---

[1] Letteralmente *Mahatma* significa "Grande anima". Sebbene al giorno d'oggi il termine sia usato in modo più ampio, in questo libro esso si riferisce a una persona che dimora nella Conoscenza di essere tutt'uno con il Sé Universale, o Atman. Tutti i Satguru, o Veri Maestri, sono Mahatma, ma non tutti i Mahatma sono Satguru. In molti casi, i Mahatma non dimostrano alcun interesse nell'elevare gli altri, preferendo trascorre il tempo assorbiti nella beatitudine del Sé. Il Satguru è colui che, pur sperimentando la beatitudine del Sé, sceglie di scendere al livello della gente comune per aiutarla a crescere spiritualmente.

affatto turbata da quelle condizioni: senza cibo, riparo, o qualcuno che potesse essere chiamato amico, Ella era perfettamente serena. Amma non ha bisogno di nessun mezzo esterno per provare appagamento, e non solo: il Suo appagamento è molto più profondo del nostro.

Anche se non ne siamo consapevoli, abbiamo sempre fiducia che qualcuno o qualcosa abbia la capacità di procurarci felicità. Ci rifugiamo in ciò che speriamo ci porterà più vicino all'appagamento e se non avrà successo, si tratterà di qualcos'altro. Amma afferma che il nostro "rifugio" è solamente ciò da cui la nostra mente è continuamente attratta e verso cui fluiscono i nostri pensieri, cioè dove la nostra attenzione risiede costantemente. Tenendo bene a mente tale spiegazione, non è difficile trovare in che cosa stiamo prendendo rifugio ora: i nostri beni, il nostro lavoro, gli amici, il tempo libero e le nostre emozioni. Non sono forse queste le cose a cui pensiamo tutto il tempo?

La storia narra che prima di scoprire l'efficacia del tungsteno come filamento per le lampadine, Thomas Edison effettuò più di 2000 esperimenti, usando materiali che non conducevano l'elettricità e non producevano luce. Molti altri scienziati ridicolizzarono i suoi tentativi, affermando: "Anche dopo 2000 esperimenti, non sei stato capace di dimostrare niente".

Edison rispose: "Tutt'altro! Ho dimostrato che quei 2000 materiali non funzionano!"

Ugualmente, non è il caso di sentirci in colpa per il fatto che ricerchiamo la felicità negli oggetti del mondo, a patto che però impariamo la giusta lezione. Tuttavia, proprio come gli scienziati sulle orme di Edison non debbono più effettuare quegli stessi 2000 esperimenti, noi non abbiamo bisogno di andare in cerca di una felicità esterna a noi stessi, se siamo pronti a seguire le orme dei Grandi Maestri.

Vale la pena di menzionare che quegli stessi oggetti terreni che possiedono una limitata capacità di renderci felici, hanno però un illimitato potere di farci soffrire. Chi cerca la felicità nel fumo, può contrarre un cancro ai polmoni e morire precocemente dopo una lunga malattia. Chi basa la propria felicità sulla persona amata può perfino suicidarsi quando viene abbandonato per qualcun altro. Tutti vogliono vivere in una casa grande – più grande è, meglio è – ma più grande è la casa, più numerose sono le riparazioni e le manutenzioni necessarie.

Nel *Tao Te Ching*, Lao Tzu dice:

> *Insegui denaro e sicurezza*
> *E il tuo cuore non si aprirà mai.*
> *Preoccupati dell'approvazione degli altri*
> *E sarai loro prigioniero.*

Anche prima di diventare il Buddha (il Risvegliato), il giovane principe Siddharta aveva probabilmente già una visione molto chiara della natura della felicità terrena e forse per questo aveva chiamato suo figlio 'Rahula', che significa 'catene' o 'legame'. Ciò può suonare duro, ma pensiamo alla nostra esperienza. Possiamo pensare che un neonato sia fonte di inesauribile felicità, ma che dire quando il bambino raggiunge i "terribili due anni"? Più tardi, quando diventa un teenager, può cadere in cattive compagnie, diventare un teppista o arrivare a odiare perfino i suoi genitori. Ci sono molti casi di figli che hanno rinnegato i genitori non appena maggiorenni: ecco allora che ciò che ritenevamo una sorgente di felicità infinita diviene una fonte di dolore senza fine.

Ciò non significa che non si debba avere figli o cercare la felicità nel mondo esterno, ma che ci si deve aspettare l'infelicità oltre alla felicità, e prepararsi ad accettare entrambe con mente equanime. Dobbiamo ricordare sempre di non aspettarci troppo da cose o persone, e che soltanto Dio rimarrà con noi per sempre. In altre parole, va bene gioire dei fuggevoli oggetti del mondo intorno a noi, ma non rifugiarci in essi. Dobbiamo imparare, invece, a prendere rifugio in Dio o nel Guru, lasciando che i nostri pensieri fluiscano in quella direzione. Non ha forse senso prendere rifugio soltanto in ciò che non ci lascerà mai?

Proprio come un addestratore di serpenti sa che mordere è la natura del serpente, anche noi dobbiamo accettare il fatto che la natura delle persone è quella di cambiare idee, atteggiamenti e opinioni. Non possiamo aspettarci che una persona, un oggetto o una situazione rimangano gli stessi. Vivere con questa comprensione e agire in accordo a essa significa vivere in modo intelligente. Amma dà l'esempio del cambio nell'automobile: se stiamo guidando per una ripida salita, non riusciamo ad avanzare senza ingranare una marcia più bassa, ma quando invece stiamo guidando velocemente, distruggiamo il motore se non innestiamo una marcia più alta. In modo analogo, affrontando le diverse situazioni della vita dobbiamo essere capaci di adattare la nostra mente ad accettare qualunque cosa capiti con un atteggiamento di equanimità.

Nessuno vuole provare dolore, neppure per un breve periodo, e non ci basta solo rimuovere il dolore, vogliamo anche sperimentare una felicità inesauribile. Una volta, un giovane venne da me e disse: "Non ho nessun problema o dolore, però non sono felice lo stesso, nella vita mi manca qualcosa. Ho provato molte cose sin qui, ma non la spiritualità, ecco perché sono venuto". Questo giovane non aveva nessun problema da risolvere, eppure non si sentiva completo; credeva, giustamente, che la spiritualità potesse dargli la chiave per riempire l'inesplicabile vuoto della sua vita.

Non si può ottenere una felicità senza fine da qualcosa che non dura. Le situazioni e gli oggetti del mondo mutano costantemente e la nostra consapevolezza è di solito focalizzata e identificata con queste volubili circostanze; come risultato, ogni qualvolta cambiano le situazioni, noi ne siamo influenzati.

Questo assomiglia a ciò che accade quando guardiamo un film. I vari eventi del film ci toccano emotivamente e perfino psicologicamente. Nei villaggi del Tamil Nadu, vi sono star del cinema così popolari che gli spettatori si identificano coi loro personaggi al punto che, se l'eroe si fa un piccolo graffio in una scena di lotta, tutti lanciano bottiglie e sassi contro lo schermo, o, se l'attore, o l'attrice, piange durante una scena commovente, in sala si sentono molti singhiozzi.

Gli spettatori sono così coinvolti nella storia da essere ben disposti a lasciare da parte ogni incredulità per il gusto di sentirsi trasportati nella trama, anche se gli eventi descritti possono essere del tutto irrealistici. Ho sentito raccontare di un film recente dove, in una scena d'azione, l'eroe e il cattivo sono coinvolti in una sparatoria finché l'eroe finisce tutte le munizioni. Rendendosi conto del suo improvviso vantaggio, il cattivo prende la mira e spara una raffica di pallottole, colpendo l'eroe alla coscia. Per un momento, gli spettatori sono travolti dall'orrore: pensano perfino di dare fuoco al cinema. Ma il momento dopo, l'eroe si estrae la pallottola dalla gamba, la inserisce nella pistola e spara uccidendo il cattivo. Il teatro scoppia in una fragoroso applauso: nessuno è disturbato dall'assurdità della scena.

In mezzo a tutta questa confusione, c'è una sola cosa totalmente coinvolta nel film e, nello stesso tempo, per niente influenzata: lo schermo cinematografico. Senza lo schermo, non si può vedere il film, eppure esso rimane totalmente non condizionato, substrato immobile di tutte le scene mutevoli.

In modo analogo, vi è un substrato immutabile per tutte le esperienze che attraversiamo nella vita: è l'Atman, o Sé. Questo Sé si manifesta come consapevolezza, consentendoci di percepire sia il mondo esterno, sia il nostro corpo, i nostri pensieri, emozioni, desideri e attaccamenti. In verità, noi non siamo queste formazioni mentali mutevoli, ma l'immutabile consapevolezza dietro ad esse.

Invece di identificarci con il Sé immutabile, ci identifichiamo sempre con le diverse esperienze, e così la nostra vita diventa come un ottovolante emozionale. A causa di ciò, molti di noi soffrono di una particolare crisi di identità; non quella cui siamo soliti pensare, legata alla nostra professione, personalità o relazioni – ma una crisi di identità che si espande molto più in profondità. In tal senso, anche se non mostriamo segni visibili di una crisi di identità, stiamo tutti soffrendo di differenti gradi di confusione. Più ci identifichiamo con il nostro Vero Sé, meno soffriamo. I Mahatma non soffrono mai di alcuna crisi di identità. In senso stretto, soltanto una persona che ha realizzato il Sé può affermare di conoscere la propria vera identità. Come dice Amma: "Non c'è stato mai un momento in cui Amma non sapesse chi fosse".

Quando Amma era soltanto una ragazza, alcuni abitanti del villaggio, che erano risentiti a causa del suo comportamento strano e non certamente ortodosso e che erano anche gelosi della sua crescente popolarità, minacciarono di ucciderLa, brandendo perfino un coltello di fronte a Lei. Amma rimase totalmente indifferente alle loro intimidazioni, si mise davanti a loro e disse coraggiosamente: "Potete uccidere questo corpo, ma non potrete toccare il Sé".

Perfino oggi, l'atteggiamento di Amma verso tali situazioni resta inalterata. Nell'agosto 2005, quando uno sconosciuto Le si avvicinò nascondendo un coltello, e con l'intento apparente di porre fine alla Sua vita, Amma rimase completamente imperturbabile. Non si alzò neppure dal palco, ma continuò a cantare i *bhajan* e più tardi diede il darshan del Devi Bhava[2] come programmato. Sebbene gli ashramiti e i devoti internazionali fossero sconvolti

---

[2] Amma dà regolarmente un darshan speciale durante il quale si presenta nell'atteggiamento interiore e nelle vesti della Madre Divina. In quel frangente, è completamente identificata con Dio nella forma della Madre Divina. Nei primi tempi, era solita dare anche il darshan in Krishna Bhava.

dall'incidente, Amma non batté ciglio. Più tardi, quella sera, Ella rispose alle domande dei giornalisti che arrivarono all'ashram immediatamente dopo lo sventato attacco. Amma si rivolse loro con un sorriso privo di preoccupazione: "Non ho nessuna reazione a questo incidente. Non ho affatto paura della morte... qualunque cosa debba accadere, accadrà al momento convenuto. Io voglio soltanto fare quello che devo fare. In ogni caso un giorno tutti dovremo morire, dunque è meglio consumarsi lavorando per gli altri che arrugginire".

Anche nel mezzo di innumerevoli responsabilità terrene, Amma mantiene sempre una prospettiva spirituale, mentre la nostra attenzione resta sempre a un livello mondano, perfino quando eseguiamo le pratiche spirituali.

Amma afferma che l'intero scopo della spiritualità è di determinare un cambiamento nella nostra percezione: da mondana a spirituale, da esteriore a interiore. Quando cerchiamo di risolvere i nostri problemi, sprechiamo una grande quantità di tempo ed energia, perché non riusciamo a cambiare prospettiva.

È per mancanza di elasticità mentale che non sappiamo affrontare le circostanze della vita. Come Amma dice spesso, ci sono tre modi con cui affrontiamo le circostanze spiacevoli: scappando, sopportandole ma lamentandoci, o cercando di cambiarle. Per affrontare le sfide della vita, nessuno si sforza di cambiare quello che Amma chiama *manasthiti,* atteggiamento mentale. È il cambiare l'atteggiamento mentale, e non le circostanze esterne, che permette alla mente di espandersi. Attualmente, l'estroversione della società e della cultura porta la gente a cercare la causa della sofferenza soltanto nelle circostanze esterne. Cerchiamo raramente di imparare a rivolgere l'attenzione all'interno, espandere la mente e risolvere il problema in quel modo.

È vero che la soluzione di alcuni problemi, come la fame o il bisogno di un riparo, va ricercata all'esterno, ma anche così, talvolta una soluzione esterna può non essere disponibile. Nei primi tempi dell'ashram, accadeva spesso che non rimanesse molto da mangiare per Amma e i *brahmachari*, dopo che erano stati serviti tutti i devoti, e c'era anche molto faticoso lavoro fisico da svolgere e nessun altro che lo facesse. Talvolta, grazie all'ispirazione che attingevamo da Amma, anche con una dieta insufficiente eravamo in grado di trovare la forza per svolgere le pratiche spirituali oltre al lavoro fisico.

Tutto dipende dal nostro condizionamento. Amma sostiene che la spiritualità condiziona la mente ad adattarsi a ogni circostanza e a trovare felicità all'interno, indipendentemente da quello che succede intorno. Infatti, per la maggior parte dei problemi della vita, le soluzioni possono provenire soltanto dall'interno. Prendiamo, per esempio, i problemi di rabbia, odio, delusione o gelosia: non ci sono soluzioni esterne per questi problemi, dobbiamo cercare la soluzione all'interno; cercare una soluzione esterna può condurci solo a maggiori problemi nel futuro.

Recentemente un occidentale è venuto a vivere ad Amritapuri. In occidente aveva vissuto per molti anni da solo, ma all'ashram dovette dividere la stanza con un'altra persona, e scoprì di essere molto sensibile al rumore. Il suo compagno di stanza lavorava con un computer portatile e il nuovo arrivato notò che il rumore del pulsante del mouse lo disturbava davvero molto mentre cercava di meditare. Non volle chiedere al compagno di stanza di limitare il suo lavoro, così decise di comprargli un mouse speciale e silenzioso. A quel punto pensò che avrebbe potuto meditare e studiare in pace, ma ora che il rumore del mouse era sparito, si accorse improvvisamente del battere rumoroso del ventilatore che ruotava sul soffitto della stanza del piano inferiore. Dopo settimane di irrequiete meditazioni e notti passate a girarsi e agitarsi, alla fine decise di acquistare un ventilatore silenzioso per i vicini del piano di sotto. A quel punto era certo che per lui non ci sarebbero stati

altri fastidi. Purtroppo, pur avendo eliminato il rumore battente del ventilatore, divenne consapevole del passaggio di molti
camion che transitavano sulla strada che fiancheggiava l'ashram,
a causa dei lavori di ricostruzione in corso nell'area circostante
dopo lo tsunami. Il rumore dei motori dei camion lo disturbava
molto, ma sapeva anche che non avrebbe potuto comprare una
serie completa di camion silenziosi! Fu allora che si rese conto
che stava cercando di risolvere un problema interiore con una
soluzione esteriore, e che aveva davvero bisogno solo di ridurre
la sua sensibilità interna al rumore.

Molti di noi pregano Amma affinché risolva i nostri problemi, e naturalmente Amma è felice di farlo con la Sua risoluzione
divina, ma allora per ogni singola difficoltà dovremo cercare una
soluzione. Il miglior tipo di aiuto che possiamo ricevere è una
soluzione che funzioni per molti dei nostri problemi. Questa
soluzione di vasta portata è il cambiamento nel nostro modo di
considerare le cose che Amma sta cercando di determinare in
noi. Come può fare tanta differenza una semplice trasformazione
nella nostra percezione?

Immaginate che vi siano due onde, una ignorante e una
saggia. La prima considera se stessa nient'altro che un'onda e
pensa: "Sono un'onda di una particolare dimensione, sono sorta
da un'altra onda nel tal momento e morirò presto".

L'onda saggia penserà diversamente: "Non sono affatto
un'onda. 'Onda' è solo un nome che mi è stato dato. Io sono
essenzialmente acqua e come tale non sono mai nata come onda,
sono sempre stata acqua, sono acqua ora, e sarò acqua per sempre,
e anche quando questa onda particolare scomparirà, io esisterò
ancora e sempre come acqua".

Un'onda ignorante si considera un'onda mortale, mentre
un'onda saggia sa di essere acqua immortale.

Nel momento in cui l'onda ignorante si considera un'onda, vedrà ogni tipo di differenza nelle altre onde, le vedrà diverse da se stessa, come potenziali rivali – grandi o piccole, pacifiche o violente – e ciò creerà competizione, gelosia, avidità e altri sentimenti negativi.

L'onda saggia, invece, considera se stessa e le altre onde come acqua, vede tutto come acqua solamente, non percepisce differenza tra sé e le altre onde, o tra sé e l'oceano.

Nello stesso modo, una persona saggia vede tutti e tutto come nient'altro che il proprio Sé, mentre una persona ignorante percepisce tutti e tutto come separati e diversi da sé. Anche una persona saggia noterà con gli occhi fisici le differenze tra le forme, ma con l'occhio spirituale della saggezza, tale persona vedrà ogni cosa come lo stesso Atman.

Una volta, poco tempo dopo avere cominciato a vivere all'ashram, andai a Bangalore per seguire certi affari dell'ashram e sulla via del ritorno dovetti guidare attraverso una zona in costruzione dove la maggior parte delle strade erano bloccate e i veicoli provenienti da entrambi i sensi di marcia potevano passare soltanto lungo una strettoia. Mentre stavo guidando lungo questo tratto angusto, vicino alla zona di edificazione, notai un camion che avanzava velocemente verso di me senza la minima apparente intenzione di lasciarmi passare. Decisi di sterzare lateralmente, presumendo che il camionista avrebbe a sua volta fatto altrettanto, come suggerisce una consuetudine della strada. Ma questo camionista rifiutò di muoversi anche di un solo centimetro dal suo percorso. Trovai irritante la sua arroganza e continuai nel modo che avevo scelto, certo che lo avrei spinto a muoversi almeno di un poco – in occidente, questa è considerata una vera e propria sfida: chi perde è un codardo. Alla fine, quando divenne chiaro che non aveva alcuna intenzione di deviare, decisi che era meglio essere codardo che morto, soprattutto perché non volevo perdere l'opportunità di passare ancora del tempo con Amma.

Dopo che il camionista mi incrociò, feci inversione e cominciai la caccia. Infuriato per la sua guida sprezzante ed egoista, decisi di dargli una lezione, lo superai e guidai per parecchi chilometri davanti a lui, aumentando la distanza tra noi. Poi girai l'auto, mi fermai e scesi, aspettando che passasse. Quando lo vidi avvicinarsi, afferrai una pietra sul lato della strada, e la scagliai contro il suo parabrezza, mandandolo ben bene in frantumi. Poi risalii in macchina e partii a tutta velocità.

Ritornai all'ashram il più rapidamente possibile, non vedendo l'ora di deliziare Amma con il racconto della mia eroica impresa. Ma quando Amma udì il resoconto, rimase sconcertata. "Avresti fatto la stessa cosa se Amma fosse stata nel camion?"

A queste parole, il vento abbandonò repentinamente le mie vele: non avevo risposta e abbassai il capo con vergogna.

Amma è capace di accettare tutti come sono perché vede ciascuno come il Suo stesso Sé. Se non siamo capaci di fare altrettanto, possiamo almeno cercare di percepire la nostra amata Amma in tutti, o di considerarli figli di Amma. Questo determinerà certamente un cambiamento della nostra percezione e ridurrà il numero dei conflitti e problemi sul nostro cammino, aiutandoci a essere più pazienti e compassionevoli in tutte le circostanze della vita. ❧

Capitolo 4

Il Dharma supremo

Qualche volta, le persone chiedono ad Amma: "Non basta essere una brava persona e condurre una vita dharmica (giusta)? Io non faccio del male a nessuno e non ho cattive abitudini, perché devo svolgere le pratiche spirituali?"

Per rispondere a questa domanda, per prima cosa dobbiamo comprendere più a fondo il dharma, e che cosa significhi realmente condurre una vita nel dharma. Secondo le Scritture ci sono differenti tipi di dharma; ma qui la domanda su una vita dharmica si riferisce a un solo tipo di dharma: quello che ci spinge a condurre una vita moralmente retta e giusta – non ingannare, non rubare, non uccidere o non ferire gli altri, dire la verità, eccetera. Naturalmente, tutti devono osservare questi valori morali, che sono applicabili universalmente in ogni società, cultura ed epoca. La semplice osservanza dei valori morali, però, non necessariamente garantisce una condotta di vita completamente dharmica. Per fare ciò, dobbiamo avere una comprensione più profonda del dharma e dei suoi vari aspetti.

Il secondo tipo di dharma è determinato dalla nostra fede o retroterra religioso. Un mussulmano ha obblighi e costumi diversi da un ebreo, e un cristiano da un induista. Per esempio, ai mussulmani è richiesto di pregare cinque volte al giorno, di digiunare durante le ore diurne per l'intero mese del Ramadan e di fare un pellegrinaggio alla Mecca almeno una volta nella vita. Gli induisti possono digiunare una o due volte la settimana, fare voto di silenzio, restare svegli tutta la notte di Shivaratri, indossare il cordone sacro, visitare i templi e ripetere il proprio mantra. Cristiani ed ebrei hanno osservanze differenti relative al culto. Per essere una persona che vive nel dharma in questo secondo senso, non dobbiamo seguire le osservanze di tutte le fedi, ma è sufficiente seguire quelle del nostro specifico credo. In taluni casi, sebbene abbiano trasceso tutte le differenze – religioni incluse – anche i Maestri che hanno realizzato il Sé seguiranno le usanze prescritte dalla loro fede per dare l'esempio agli altri.

Un terzo tipo di dharma si riferisce alla nostra posizione e al ruolo che abbiamo nella società. Per esempio, un soldato e un monaco hanno ciascuno il proprio dharma: per un monaco sarebbe del tutto inappropriato prendere le armi in difesa del suo paese, ma se un soldato si rifiutasse di fare lo stesso, non aderirebbe al dharma relativo al suo ruolo. Aderire al nostro dharma significa espletare sinceramente e al meglio delle nostre capacità i compiti assegnatici. Se tutti agissero così, la società funzionerebbe armoniosamente e ciascuno godrebbe di prosperità.

Infine, c'è il dharma supremo: il dovere di realizzare il nostro Vero Sé, la nostra unità con Dio. Come il primo tipo di dharma, questo supremo dharma è comune a tutti.

Amma dice: "Indipendentemente da chi siamo, o da quello che facciamo, i compiti che svolgiamo nel mondo ci aiuteranno a raggiungere il dharma supremo, cioè l'unità con il Sé Universale. Tutti gli esseri viventi sono uno, perché la vita è una, e ha un solo scopo. A causa dell'identificazione col corpo e la mente, si può pensare: 'Cercare il Sé e raggiungere la Realizzazione non è il mio dharma: il mio dharma è fare l'attore o il musicista o l'uomo d'affari'. Pensare in questo modo va bene, tuttavia ci sarà impossibile trovare l'appagamento finché non dirigeremo la nostra energia verso lo scopo supremo della vita".

Se seguiremo sinceramente il nostro dharma, cominceremo a superare le attrazioni e le repulsioni, il nostro egoismo, la gelosia, l'orgoglio e le altre attitudini negative. Per esempio, il dharma di un discepolo è di seguire le istruzioni del suo Guru. Talvolta, il Guru può chiedere al discepolo di fare qualcosa che questi non gradisce fare.

Una volta, un giovane si unì all'ashram dopo aver cominciato una carriera come regista e fotografo. Disse ad Amma che gli sarebbe piaciuto molto occuparsi delle Sue personali riprese video. Amma ascoltò la sua proposta e poi gli disse che voleva che lavorasse nella stalla. Questa era l'ultima cosa che il giovane desiderava fare, ma, poiché glielo aveva chiesto Amma, intraprese obbediente il compito di occuparsi delle mucche dell'ashram. Il suo desiderio di fare film, però, non svanì facilmente. Oltre al suo compito di badare ai bisogni delle mucche, cominciò a girare un documentario sulla vita delle mucche, riprendendole mentre pascolavano, dormivano, venivano munte e altro. Quando Amma lo venne a sapere, gli ricordò che il dharma di un aspirante spirituale è di svolgere qualunque *seva* gli venga assegnato e di impiegare il rimanente tempo facendo meditazione, *mantra japa*, studiando e pregando, perché fare diversamente è come allungare il passo sul sentiero spirituale e poi sedersi nel mezzo della strada. Seguendo le indicazioni di Amma, questo giovane fu in grado di superare le sue preferenze e dedicarsi con tutto il cuore al lavoro che Amma gli aveva dato.

Così, perseguendo il nostro dharma con sincerità, la mente diverrà sempre più pura e matura e quando avremo raggiunto un maggior grado di maturità mentale, troveremo spontaneamente anche interesse nella spiritualità e nel dharma supremo della Realizzazione del Sé. Nello stesso tempo, è solo la spiritualità che ci darà la forza di aderire al dharma in tutte le circostanze.

Prendete, per esempio, il caso di Yudhishthira, che si dice fosse l'incarnazione del principio del dharma. Yudhishthira, il maggiore dei cinque fratelli Pandava e legittimo erede al trono dei Kuru, fu esiliato nella foresta per dodici anni dal suo geloso cugino, Duryodhana, che aveva occupato il trono al suo posto. Sebbene Duryodhana avesse ottenuto l'esilio dei Pandava con l'inganno, e tutti i fratelli di Yudhishthira lo spronassero a tornare nel regno e a dichiarare guerra a Duryodhana e ai suoi fratelli, i Kaurava, Yudhishthira insistette a mantenere la propria parola e restare in esilio per tutti i dodici anni. Soltanto alla fine di quel periodo, Yudhishthira accettò di rimuovere dal potere gli ingiusti Kaurava e riprendere ciò che era suo di diritto.

È soltanto con la comprensione dei princìpi spirituali e grazie alle pratiche spirituali che otterremo la giusta cognizione e il giusto atteggiamento mentale per perseverare nelle buone azioni, indipendentemente da quale tipo di risposta riceviamo in cambio.

Una volta, il santo Eknath vide uno scorpione che si dibatteva in una pozza d'acqua e decise di salvarlo allungandogli la mano, ma lo scorpione lo punse. Eknath ritirò un po' la mano, trasalendo per il dolore. Dopo alcuni momenti, Eknath riprovò a salvare lo scorpione dall'acqua, ma lo scorpione lo punse di nuovo, e così avanti per un po'.

Alla fine un osservatore chiese a Eknath: "Perché continui a cercare di salvare lo scorpione sapendo che in cambio potrà soltanto pungerti?"

Eknath spiegò: "Pungere è nella natura dello scorpione, amare è nella mia. Perché dovrei abbandonare la mia natura d'amore solo perché è nella natura dello scorpione pungere?" Alla fine, lo scorpione, conquistato dal potere della compassione di Eknath, si trattenne dal pungerlo nuovamente ed Eknath lo recuperò felicemente e lo pose in salvo sul terreno.

Soltanto la spiritualità può darci la forza di continuare ad amare e servire gli altri, anche quando essi in cambio ci pungono. Come disse il Buddha: "L'odio non si ferma mai con l'odio; l'odio si ferma con l'amore: è questa la legge eterna".

Quando Amma era ancora una giovinetta, stava camminando con un'altra ragazza del villaggio, raccogliendo presso i vicini avanzi di cibo per le mucche della Sua famiglia. A quel tempo molti abitanti del villaggio erano soliti maltrattare Amma perché ritenevano che fosse solo una lunatica e non certo un'incarnazione divina. Mentre passavano davanti a una casa, un uomo che stava sulla soglia esclamò ad alta voce: "Quella Sudhamani è così strana, non mi meraviglio che la sua famiglia non riesca a trovarle un marito. O forse è perché non possono permettersi la dote? Se non hanno il denaro, pagherò io! Quella ha bisogno solo di una marito che la faccia rigare dritta..." L'uomo continuò a parlare in questo modo mentre Amma e l'altra giovane passavano. Amma era del tutto calma di fronte a questi commenti, ma l'altra ragazza, che conosceva bene Amma e aveva fede in Lei come essere divino, soffrì profondamente a tali parole. Mentre camminavano, Amma cercò di consolarla, ripetendole che non bisogna sentirsi toccati dalle parole degli altri, che essi agiscono in base alla propria natura, ecc. Ma la donna non trovava conforto: non riusciva a immaginare come quell'uomo potesse essere così inutilmente crudele, e nei confronti di Amma, poi! Sebbene Amma non fosse influenzata dalle parole dell'uomo, il dolore del cuore innocente della giovane donna fu troppo per Lei. Alla fine, Ella disse alla donna: "Non preoccuparti, un giorno si pentirà di queste parole".

Poco tempo dopo quell'episodio, l'uomo che aveva canzonato Amma fu sorpreso sulla sua barca da pesca da una terribile burrasca. Due membri della sua famiglia annegarono e la barca colò a picco e si fracassò contro la spiaggia. In un batter d'occhio, la sua vita fu distrutta. Incapace di trovare aiuto da qualche altra parte, alla fine venne da Amma mendicando assistenza. Una persona comune avrebbe forse ricordato la precedente crudeltà di quest'uomo e lo avrebbe cacciato. Invece, anche se l'ashram era molto piccolo a quel tempo, Amma fece tutto il possibile per aiutarlo. Gli diede persino tutto il denaro che aveva per aiutarlo a risollevarsi.[1]

Una storia simile, ma in scala più grande, può essere identificata nella tragedia dello tsunami del 2004. Quel giorno, molti abitanti del villaggio nel distretto dell'ashram di Amma, persero tutto. Nei giorni successivi al disastro, Amma disse al suo discepolo di più lunga data, Swami Amritaswarupananda, di aver progettato di donare 23 milioni di dollari per le opere di soccorso e ricostruzione a favore delle vittime. Più tardi, egli confidò che quando udì quelle parole non poté credere alle sue orecchie. "Che cosa!?", chiese sbalordito ad Amma, "23 milioni di dollari! Da dove dovrebbe arrivare tutto questo denaro?"

Amma era calma e disse semplicemente, con una voce piena di sicurezza e fermezza: "Arriverà". Non c'era neppure un'ombra di dubbio. Una multinazionale impiega mesi per prendere la decisione di investire 23 milioni di dollari: sono necessari molti Consigli d'Amministrazione, vengono interpellati analisti esperti per calcolare i rischi e i potenziali guadagni... ma per Amma, la compassione è la cosa più importante – eliminare il dolore e la sofferenza delle persone. La Sua decisione sbocciò spontaneamente, fu presa in un attimo: "Arriverà".

Sebbene molte di queste stesse persone avessero senza pietà molestato Amma da bambina, e Le avessero tirato addirittura delle pietre da ragazza, ciò non La fece esitare neppure per un istante.

---

[1] Non bisogna fraintendere e pensare che, poiché aveva predetto con precisione che l'uomo un giorno si sarebbe pentito della sua crudeltà, Amma causò in qualche modo quella disgrazia. Amma era semplicemente in grado di vedere che l'uomo era destinato a soffrire come risultato del suo stesso karma e che sarebbe venuto da Lei per ricevere assistenza.

Dal momento in cui irruppero le acque – e nonostante l'ashram stesso avesse sofferto di notevoli perdite materiali – Amma si dedicò con tutto il cuore ad aiutare gli abitanti del villaggio a recuperare quello che avevano perduto. È soltanto la conoscenza di essere una sola cosa con la sorgente del creato che consente ad Amma di amare e servire gli altri indipendentemente da come è trattata in cambio.

Swami Pranavamritananda Puri è uno dei discepoli di Amma da più tempo, uno dei primi ricercatori spirituali a decidere di vivere ai piedi di Amma, cercando rifugio e guida in Lei soltanto. Come tale, in momenti differenti, è stato responsabile di varie sedi dell'ashram. La notte precedente la sua prima partenza da Amritapuri per lungo un periodo, Amma gli diede un consiglio che egli afferma di non aver mai più dimenticato: "Se parti con la convinzione che nessuno dirà qualcosa di buono su di te, indipendentemente da quanto bene tu faccia per il mondo," gli disse Amma, "non resterai mai deluso".

Qui Amma rileva che non è importante soltanto l'azione, ma anche l'atteggiamento con cui la compiamo. Quando facciamo buone azioni, forse ci aspettiamo di ricevere un riconoscimento o dei favori da parte di coloro che aiutiamo, e se non otteniamo la risposta che ci aspettiamo, perdiamo magari l'entusiasmo e smettiamo perfino di fare buone azioni. La seguente storia illustra questo punto.

Una volta, un uomo di Bombay, che in precedenza aveva elargito una generosa donazione all'ashram, venne da Amma ad Amritapuri. Quando informò gli addetti alla fila del darshan che era venuto per incontrare Amma, essi gli rilasciarono un biglietto numerato e gli dissero che intanto poteva andare a pranzare o a riposarsi, poiché avrebbe dovuto attendere alcune ore prima che arrivasse il suo turno. Quando l'uomo udì queste parole, sbottò infuriato: "Non sapete chi sono io? Ho dato molti soldi all'ashram di Bombay! Come potete fermarmi così?" L'uomo si offese talmente che gli avessero proposto di prendere un numero per il darshan e di aspettare in fila, che lasciò l'ashram senza neppure ricevere il darshan di Amma.

Sebbene quest'uomo avesse il buon cuore di donare con generosità, in cambio, però, si aspettava un trattamento speciale e un riconoscimento; la bellezza del suo buon gesto fu sciupata da un contegno non corretto, che lo privò perfino del beneficio di ricevere il darshan di Amma.

Ricordo un altro esempio che risale ai primi tempi con Amma. Allora lavoravo in una banca vicino alla quale non si trovava nessun ristorante vegetariano, perciò mi ero abituato a saltare il pranzo e anche la cena. Dopo la colazione del mattino, prendevo soltanto un tè con uno spuntino, nel pomeriggio. In quegli anni, durante il Krishna e il Devi Bhava darshan, Amma era solita dare a ogni persona che veniva per il darshan uno o due cucchiai di *payasam* come *prasad*, ma ogni volta che la sera, tornando dalla banca, mi recavo al darshan del Devi Bhava, sapendo quanto fossi affamato, Amma me ne dava molto di più che agli altti, e poi mi invitava a restare lì a meditare per un po'.

A quel tempo c'era un devoto che era molto geloso dell'attenzione che Amma riservava ai primi brahmachari, e a me in particolare. Un giorno, egli regalò ad Amma un *asana*[2] di vera pelle di tigre, ma poiché Amma non cambiava il proprio

---

[2] Nei tempi antichi, per meditare, gli *yogi* usavano un tappetino – o asana - di pelle di tigre che si dice trattenga le vibrazioni spirituali positive generate dalla persona che usa l'asana; usando un asana fatto di un altro materiale le vibrazioni possono passare attraverso di essa ed entrare nel terreno. Naturalmente al giorno d'oggi nessuno li usa più poiché le tigri sono diventate una specie protetta, ma nei primi anni '80 era ancora possibile trovarne, sebbene fossero articoli rari e molto costosi. Ovviamente accessori di questo tipo sono del tutto irrilevanti per un Maestro realizzato come Amma. Ignorando ciò, questo devoto pensò di star facendo ad Amma un grande favore.

atteggiamento nei confronti miei e degli altri brahmachari, un bel giorno la sua frustrazione scoppiò: "C'è spazio soltanto per i brahmini, qui!" Così dicendo si riprese l'asana di pelle di tigre da dove era stato riposto e lasciò l'ashram. Dopo questo episodio, egli venne da Amma solo raramente. L'affermazione dell'uomo era naturalmente assurda: Amma non ha mai dimostrato preferenza per nessuno a causa di casta, religione o altro. In realtà Amma non stava dimostrando preferenza neppure verso di me; il fatto era che intorno ad Amma a quel tempo eravamo in pochi interessati alla meditazione e a diventare brahmachari. La maggior parte delle persone erano devoti con famiglia, che volevano soltanto raccontare ad Amma i loro problemi e poi tornarsene a casa. A chi come noi voleva meditare, Amma offriva particolari opportunità di sedere al Suo fianco.

Sebbene l'uomo avesse fatto ad Amma un regalo molto importante nella forma di questo raro tappetino tradizionale, la bellezza del suo gesto fu rovinata poiché, non avendo ricevuto la ricompensa che si aspettava, si riprese addirittura anche il regalo.

L'orgoglio e l'egoismo possono sciupare non soltanto le nostre buone azioni, ma anche le nostre buone qualità. Una volta Amma fece notare che un particolare brahmachari era molto umile. Il giorno dopo, proprio mentre lui si trovava nelle vicinanze, Amma affermò che anche un altro brahmachari aveva un alto grado di umiltà. Sentendo le parole di Amma egli protestò immediatamente: "Amma, come fai a dire una cosa simile? Io sono molto più umile di lui!" Nella foga del momento, questo brahmachari non si rese conto dell'ironia di essere orgoglioso della propria umiltà!

L'umiltà è una qualità unica e l'affermare di possederla è la prova che non la si possiede affatto, e per questo è probabilmente la più elusiva di tutte le virtù. Amma dice che un vero aspirante spirituale non dovrebbe aspettarsi neppure una parola di apprezzamento. Troppo spesso l'umiltà non è rinuncia dell'orgoglio, ma sostituzione di un orgoglio con un altro: l'orgoglio di non essere orgogliosi. Dobbiamo cercare diligentemente di essere umili, ma allo stesso tempo renderci conto che se davvero raggiungessimo la perfetta umiltà saremmo nel frattempo diventati così inconsapevoli di noi stessi da non porci nemmeno il problema di una nostra eventuale umiltà.

Una volta il Buddha avvisò i suoi discepoli: "Ci sono 80.000 tipi differenti di ignoranza nella mente umana. Se volete servire l'umanità dovete essere pronti ad accettare 80.000 tipi differenti di insulti".

Quando Amma avviò il progetto dell'ashram per la costruzione di case da consegnare gratuitamente ai poveri, mandò molti brahmachari per sovrintendere e anche svolgere il lavoro di edificazione. Quando i brahmachari ritornarono all'ashram, alcuni di essi si lamentarono con Amma perché uno dei beneficiari delle nuove case, che prima aveva vissuto in una decrepita capanna di lamiera e cartone, non era sembrato per niente grato di quello che gli era stato dato. Pur non avendo un lavoro, si era rifiutato in ogni modo di aiutare i brahmachari, standosene nei paraggi fumando e osservandoli senza interesse. Una notte, dopo aver versato il cemento, il brahmachari chiese al futuro proprietario di tenerlo bagnato in modo che facesse presa durante la notte. La sua risposta fu: "Non è compito mio, non mi va di farlo".

Il brahmachari chiese ad Amma: "Perché dobbiamo darci da fare per costruire case per gente così?"

Amma rispose: "Figlio, il tuo dovere è costruire le case, e d'altro canto questa persona è quello che è: se avesse agito diversamente, sarebbe stato qualcun altro". In altre parole, le persone agiscono in accordo con la loro natura e non bisogna aspettarsi che agiscano in un'altra maniera.

Se questi brahmachari non avessero avuto Amma a correggere la loro disposizione mentale, dopo essere stati trattati male numerose volte avrebbero certamente perduto l'entusiasmo e la motivazione per servire i poveri. Con la guida di Amma, hanno potuto considerare l'esperienza come un'opportunità per praticare un'azione senza secondi fini, e coltivare equanimità mentale, svolgendo il loro dovere senza preoccuparsi di ricevere apprezzamento o critiche per i loro sforzi.

Se facciamo la carità o qualunque altro tipo di buona azione per ricevere gratitudine o riconoscimento, stiamo creando ulteriore karma per noi stessi e, sebbene si tratti di un buon karma, dovremo sperimentare i risultati (positivi) di queste azioni. Se le conseguenze di azioni dannose o negative possono essere paragonate a catene di ferro che ci legano – poiché saremo destinati a sperimentare gli effetti dolorosi delle nostre cattive azioni – i frutti delle buone azioni compiute con attitudine egotistica possono essere paragonati a catene d'oro.

Che siano di ferro o d'oro, le catene ci terranno comunque legati e anche il godimento del successo, della prosperità e delle piacevoli esperienze, conseguenze di tali buone azioni, ci intrappoleranno nel ciclo di nascita e morte.

Vi sono persone che dedicano la loro vita a compiere buone azioni e specifici *yagna* con lo scopo di ottenere l'ingresso nei reami del paradiso dopo la morte, ma anche se ci riescono, secondo il Sanatana Dharma, l'esistenza in paradiso non è eterna. Ecco spiegato perché nella *Katha Upanishad*, quando Yama, il Signore della Morte, offre al giovane Nachiketas l'ingresso nei più alti reami del paradiso, promettendogli i più grandi piaceri per un'eternità virtuale, Nachiketas rifiuta l'offerta e afferma di volere soltanto la conoscenza del Sé, la sola a garantire libertà dal ciclo di nascita e morte. Nachiketas sapeva che tutti i piaceri – terreni e ultraterreni – sono temporanei e alla fine scemano e che, quando i meriti di un'anima sono esauriti, essa dovrà scendere sulla terra e rinascere come essere umano. Anche nella *Bhagavad Gita*, il Signore Krishna dichiara:

te taṁ bhuktvā svargalokaṁ viśālaṁ
kṣīṇe puṇye martya-lokaṁ viśanti

Dopo aver goduto l'immenso mondo del paradiso,
essi ritornano al mondo dei mortali.

(IX.21)

Naturalmente ciò non significa che dovremo smettere di svolgere il servizio disinteressato solo perché il nostro atteggiamento non è completamente altruista; infatti, più compiremo azioni di questo tipo, più la mente si espanderà e, a tempo debito, raggiungeremo lo stato nel quale il nostro servizio sarà veramente disinteressato.

Amma dice: "Anche se non riceveremo dagli altri la giusta ricompensa per le nostre buone azioni, non dovremo mai smettere di fare del bene perché in ogni caso ci sarà un effetto positivo anche se nessuno apprezzerà quello che stiamo facendo".

Qui Amma si riferisce al fatto che ogni azione compiuta ha almeno due risultati: uno visibile e un altro invisibile. Una persona potrà rispondere in maniera positiva o negativa alle nostre buone azioni, e ciò costituisce il risultato visibile, ma per ogni buona azione che compiamo, indipendentemente dal risultato visibile, ve ne è uno invisibile: il maturare un merito positivo. Dunque, mentre il risultato visibile di un'azione virtuosa potrà essere positivo o negativo, quello invisibile sarà sempre positivo. Per esempio, quando nutriamo un affamato, il risultato che percepiamo direttamente è che la fame della persona è appagata. Il risultato invisibile è che stiamo guadagnando un merito positivo per aver compiuto questa buona azione.

Dobbiamo sempre cercare di fare del nostro meglio per aderire al nostro dharma e per compiere azioni conformi ad esso, ricordando che almeno il risultato invisibile delle nostre azioni positive sarà sempre positivo, senza porre troppa importanza al fatto di ricevere un apprezzamento esteriore.

C'è una determinata specie di tartaruga che mentre cammina spazza il terreno con la coda per impedire a potenziali predatori di seguire le sue impronte: in una certa misura ciò funziona, ma ci sono anche dei predatori che hanno capito questa tecnica e ora, invece di cercare le impronte della tartaruga, cercano il disegno creato sul terreno dallo strisciare della sua coda.

Noi compiamo buone azioni per progredire spiritualmente e per rompere definitivamente la schiavitù del ciclo di nascita e morte, ma quando facciamo la cosa giusta con un atteggiamento errato, diventiamo come questa tartaruga. Il nostro atteggiamento sbagliato è come la coda che cancella le impronte create dalle nostre buone azioni, ma lascia una traccia di sé, creando ulteriori catene. Ecco perché Amma afferma che, dopo aver fatto qualcosa di buono, dobbiamo immediatamente dimenticarcene.

Se si gira una chiave nella serratura per un verso, questa si chiuderà, se la si gira dall'altro, si aprirà; allo stesso modo, le azioni compiute con l'attitudine sbagliata ci imprigioneranno nel *samsara*, mentre le azioni compiute con la giusta attitudine apriranno la serratura del samsara donandoci la libertà. ❖

Parte 2

Gli elementi di una vita benedetta

*"Possa l'albero della nostra vita essere
saldamente radicato nel terreno dell'amore.*

*Che le buone azioni siano le foglie di quell'albero,
le parole gentili i suoi fiori e la pace i suoi frutti".*

Amma

Capitolo 5

Vivere in modo spirituale

Leggendo le Scritture senza una guida adatta, o senza comprensione, si può raggiungere l'errata conclusione che i cinque sensi siano qualcosa di intrinsecamente malvagio. Osservando Amma, però, si capisce che non è così, perché Ella ci dimostra che essi possono essere usati in un modo positivo che facilita la crescita spirituale, anziché ostacolarla.

Amma usa le orecchie per ascoltare le pene delle persone sofferenti, la parola per consolarle e confortarle e gli occhi per regalare sguardi compassionevoli a tutti. A prescindere dalle circostanze della vita, tutti possono cercare di impegnarsi per avere buoni pensieri, ascoltare cose positive, pronunciare parole gentili e compiere buone azioni.

Un giorno, durante il tour degli USA del 2005, nell'ashram di Amma a San Ramon, un piccolo devoto di tre anni, nato grazie a una benedizione di Amma, venne da Lei con una lamentela. Si alzò in piedi davanti ad Amma e dichiarò schiettamente: "Non mi piace nessuno in questo ashram".

Anziché considerare questo commento una sciocchezza di bambino, Amma trattò la sua protesta seriamente: "Perché, figlio mio? Qualcuno ti ha sgridato?"

"No", rispose il piccolo.

Amma allora chiese: "Non ti sentiresti triste se le persone qui presenti dicessero che non gli piaci?"

Il bambino ammise di sì.

Quindi Amma impartì un insegnamento di vita al bambino e a tutti gli altri che erano presenti durante lo scambio di battute, compreso il padre del piccolo. Usando le mani per accompagnare le parole, disse: "In tutto quello che ascolti, in tutto quello che vedi, in tutto ciò che odori, in tutto quello che mangi..." e, ondeggiando la mano indicando le persone in sala, continuò: "...nelle persone ovunque siano ... dovresti sentire Dio in ogni cosa". In questo modo, Amma riuscì a spiegare perfino a un bambino di tre anni in che modo usare positivamente i sensi nella vita.

In modo analogo, Amma ci insegna come indirizzare la nostra energia verso uno scopo positivo anziché reprimerla. Nella spiritualità, questa è una tecnica molto importante. Per esempio, il difficile compito di costruire una diga su un fiume impetuoso potrebbe danneggiare sia l'ecosistema che noi stessi. Se invece, si devia il flusso del fiume sin dalla sorgente, il risultato finale sarà che il fiume raggiungerà una destinazione completamente diversa.

Amma non ci dice mai di reprimere i nostri pensieri e desideri, al contrario, Ella dirige molto abilmente la nostra mente affinché fluisca verso Dio; quando ciò accade, tutta la nostra energia e ogni azione serviranno in modo naturale uno scopo più elevato: non condurremo più una vita egoistica, ma diventeremo più altruisti e compassionevoli. Il divertimento non è qualcosa di sbagliato, a meno che non sia solo per noi stessi. Ad esempio, va bene spendere tempo e denaro in qualche divertimento, ma come suggerisce Amma, almeno una parte del nostro tempo e delle nostre risorse dovrebbero andare ai poveri e ai bisognosi.

Si tratta veramente di un concetto e di un processo molto semplici, ma parlando in senso pratico, abbiamo bisogno di ricordarcene costantemente e di avere come modello un comportamento perfetto; per questo possiamo trarre un reale beneficio stando con un Maestro come Amma. Conoscete forse già l'esempio che ci dà Amma del Maestro che, proprio come un razzo ausiliario, ci aiuta a uscire dall'orbita delle nostre tendenze negative e desideri egoistici. Recentemente ho letto che in Russia una navicella spaziale è precipitata sulla terra a causa della mancata accensione del razzo vettore. Se dipendessimo anche noi da un razzo vettore materiale, ci sarebbe sempre la possibilità di un guasto irreparabile o di rimanere senza carburante, ma il razzo vettore del Maestro non verrà mai meno, perché possiede il combustibile inesauribile dell'amore incondizionato.

Come possiamo usare l'esempio della vita di Amma nel ruolo di nostro vettore? In primo luogo, trascorrendo del tempo in Sua presenza svilupperemo amore per Lei o almeno per le cose che fa. Osservando la vita di sacrificio che conduce, anche noi cominceremo a lasciare andare la nostra infatuazione per gli oggetti sensoriali.

Amma racconta la seguente storia. Una volta, un uomo ricco ebbe un incontro privato con Amma. Poiché era abituato a dormire in un letto enorme e lussuoso, pensava che anche Amma facesse uso di un buon letto molto confortevole, dopo aver dato il darshan per molte ore ed essersi tanto stancata; fu, quindi, scioccato nello scoprire che Amma dorme sempre sul duro pavimento. Decise allora di vendere il suo letto lussuoso e di donare il denaro in carità.

Una volta, un gruppo di giovani venne all'ashram mentre Amma stava dando il darshan: la maggior parte di loro era ubriaca e uno, in particolare, vomitò a terra subito dopo aver ricevuto il darshan. I devoti seduti vicino ad Amma, e perfino i suoi stessi amici, si spostarono disgustati, ma Amma si alzò immediatamente dalla sedia, pulì il viso e il petto del ragazzo con il proprio sari e poi cominciò a pulire il pavimento con le mani nude. Alcuni devoti arrivarono subito con uno straccio e un secchio d'acqua. La vista della profondità dell'amore di Amma e della Sua umiltà apportò un reale cambiamento nei giovani: provarono un tale rimorso che smisero di bere completamente.

Così facendo, Amma ci dimostra che il significato della vita non è soltanto il divertimento personale, ci indica uno scopo più alto nella vita e il modo di usare il corpo, la mente e i sensi per realizzarlo. Nella *Keno Upanishad*, si trova una invocazione di pace che recita così: "Possano tutte le parti del mio corpo essere forti e sane, Signore. Possano essere forti e sani la mia parola, il mio respiro, i miei occhi, le mie orecchie e tutti i miei organi... Possa io non dimenticare mai il Supremo *Brahman* che pervade questo intero universo".

Ciò significa: "Possano i miei cinque sensi non ingannarmi con la conoscenza superficiale delle forme e dei suoni; possano essere forti abbastanza da penetrare i nomi e le forme esteriori e vedere la Verità che si trova dietro ad essi".

Amma ci racconta la seguente storia. Una volta un uomo d'affari andò a incontrare un Guru e gli confidò di avere molto denaro, una moglie amorevole e dei figli ubbidienti, ma di non riuscire a provare neanche un po' di pace mentale. Il Guru rispose: "Se ti interessa, posso darti un mantra".

L'uomo d'affari esibì allora un grande mazzo di chiavi e disse: "Ognuna di queste è la chiave di una fabbrica di cui sono responsabile: dove troverei il tempo per ripetere un mantra?"

Il Guru pazientemente rispose: "Fai la doccia ogni giorno?"

"Naturalmente", rispose l'uomo.

"Quanto dista il bagno dal letto?", domandò il Guru.

"Circa dieci passi", rispose l'altro.

"E che cosa fai, mentre ti rechi in bagno?"

"Nulla, cammino".

"Dunque, mentre vai in bagno, perché non ripeti un po' di volte il mantra?"

L'uomo d'affari ammise che poteva farlo.

"E hai da fare anche sotto la doccia?"

L'uomo riconobbe che avrebbe potuto ripete il mantra anche sotto la doccia.

Il Guru continuò in questo modo a consigliare l'uomo d'affari di ripetere mentalmente il mantra mentre si lavava i denti, faceva colazione, si dirigeva verso l'auto. L'uomo seguì sinceramente il consiglio del Guru e, col passare del tempo, fu in grado di ripetere il mantra durante molte delle sue attività quotidiane.

Il filosofo romano Seneca disse: "Chiunque ha tempo, se vuole: gli affari non corrono dietro a nessuno, sono le persone che vi si aggrappano di propria volontà, pensando che essere occupati sia una prova di felicità". Nel mondo d'oggi, specialmente, le persone si lamentano spesso di essere troppo impegnate per fare qualche pratica spirituale o per condurre una vita spirituale. Ma proprio come l'uomo d'affari della storia, se si guarda attentamente la propria vita, si potrà senz'altro trovare il tempo per pensare a Dio. Non importa quanto si sia occupati: durante il giorno è sempre possibile trovare qualche breve momento in cui si può lasciare la mente libera di ripetere il mantra, magari soltanto per pochi minuti sull'autobus, o mentre si è in fila da qualche parte, o impegnati in un lavoro di routine. Si deve imparare a trasformare almeno una parte del tempo libero in un tempo qualitativamente elevato, evitando di riempirlo con qualche divertimento o indulgendo in pensieri circa il passato e il futuro. Mentre si è in attesa al telefono, ad esempio, si può cercare di restare interiormente tranquilli, ricordando che la nostra vera natura è calma e pace. Se abbiamo Amma come Guru, possiamo ricordare una dolce esperienza avuta con Lei, o immaginare che Amma risieda nel nostro cuore. Mentre si aspetta in fila all'ufficio postale, si può immaginare di essere in coda per il darshan di Amma. (Non abbracciate l'impiegato dell'ufficio postale però, quando vi consegna i francobolli!)

Se non si possiede una natura portata alla devozione, si può semplicemente osservare il proprio respiro, mantenendo la consapevolezza di ogni inspirazione ed espirazione. Questa è in sé una pratica spirituale che aiuterà a creare più consapevolezza interiore. Mentre si svolgono delle pratiche spirituali e si approfondisce la personale comprensione dei princìpi spirituali, è necessario fare particolare attenzione a come si impiega il proprio tempo libero. Per esempio, durante una serata o un weekend liberi, si può partecipare al *satsang*, o svolgere qualche servizio di volontariato. Facendo qualcosa di utile nel tempo libero, almeno per la sua durata, la mente sarà relativamente pura e contemporaneamente si porterà aiuto anche ad altri. Nello stesso tempo, però, si deve fare attenzione a non creare nuove *vasana*[1]: leggere libri spirituali, per esempio, visitare gli ashram di Amma e passare del tempo con devoti o altri aspiranti spirituali, poiché impegnarsi in tali attività impedirà in larga misura la formazione di nuove vasana. Il primo passo nell'eliminazione o superamento delle proprie vasana consiste nell'evitare i luoghi che le inducono a manifestarsi. Amma afferma, per esempio, che se si è abituati a guardare la TV, non si può tenere la TV in camera da letto e poi ripromettersi di non guardarla. Il primo passo è quello di portare la TV fuori dalla camera: è molto più difficile evitare qualcosa quando i sensi vi sono a contatto, ma si avrà una maggiore possibilità di successo evitandola del tutto, restando in un luogo in cui le vasana esistenti hanno meno opportunità di manifestarsi. Naturalmente, se la vasana ha forza, non saremo capaci di rimuoverla completamente, ma potremo comunque cercare di disciplinarla. Nel caso della

---

[1] Vasana significa letteralmente "tendenza". In questo libro la parola è usata per indicare, in particolare, le tendenze negative. Tutte le tendenze dovranno essere trascese, alla fine, per ottenere la Liberazione, o Realizzazione del Sé, ma una parte importante del processo consiste nel liberarsi da tutte le tendenze negative e nel coltivare quelle positive.

TV, se non siamo in grado di smettere di guardarla, possiamo per esempio seguire film spirituali o programmi educativi,

È possibile inoltre esaminare le attività abitudinarie quotidiane e trovare il modo di svolgerle più consciamente, trasformandole in un promemoria della vera natura e dello scopo finale della vita. Molto importante è il modo in cui ci si sveglia. Quando ci alziamo al mattino, prima di appoggiare il piede sul pavimento, ringraziamo la terra per il suo sostegno e sostentamento. Prima di alzarci dal letto dovremmo pregare: "Signore, fa che oggi non danneggi nessuno, con pensieri, parole o azioni, e consentimi di fare qualcosa di buono per gli altri".

Mentre ci laviamo, possiamo ricordarci di essere grati a Madre Natura per averci dato l'acqua, facendo attenzione a non sprecarne più del necessario, perché è una risorsa preziosa a cui non tutti hanno accesso; possiamo pregare che i bisogni di tutti vengano soddisfatti.

Prima di mangiare, possiamo ringraziare Dio per il cibo che ci dà, tenendo presente che questo cibo è arrivato a noi come conseguenza del grande sacrificio e fatica di altri esseri viventi; cerchiamo inoltre di fare attenzione a non metterci nel piatto più di quanto possiamo mangiare, poiché lo spreco di cibo equivale a una mancanza di rispetto a Dio e a tutte le persone che soffrono la fame. Amma afferma schiettamente: "Prendere più cibo del necessario è un atto di violenza". Recentemente ho letto uno studio sulla povertà nel mondo, la cui conclusione dimostra che, anche solo con del cibo nel frigorifero, abiti addosso, un tetto sulla testa e un posto per dormire si è più ricchi del 60% della popolazione terrestre. Molti di noi danno per scontate queste cose come un diritto inconfutabile, ma non è così per la grande maggioranza degli esseri umani. Noi siamo, infatti, molto fortunati solo per il fatto di possedere queste semplici necessità fondamentali. Se pensiamo alla condizione delle persone che soffrono in tutto il mondo, come facciamo a dire che la nostra vita non è benedetta? Amma afferma: "Generalmente non si tiene mai conto delle proprie benedizioni, ma si è sempre pronti a lamentarsi. Questo atteggiamento è sbagliato. Dio ci ha dato tanto nella vita: corpi sani, la luce del sole, l'aria e l'acqua, eppure noi non Gli esprimiamo mai la nostra gratitudine. Dobbiamo cercare di coltivare un cuore pieno di riconoscenza e amore per Dio".

Il crepuscolo è uno dei momenti più importanti della giornata. Amma afferma che è allora che le vibrazioni terrene sono molto forti, poiché gli esseri viventi pensano alla propria vita quotidiana e si preparano per la notte. Amma dice che se in quel particolare spazio di tempo non ci impegneremo in qualche tipo di pratica spirituale, saremo toccati negativamente da tutte queste vibrazioni. Ecco la ragione per cui Amma raccomanda di cantare i bhajan ad alta voce la sera, anziché mangiare, dormire o svolgere altre attività esteriori, perché in questo modo possono essere evitati i pensieri negativi, e la mente sarà concentrata su Dio. Amma dice che ciò aiuta anche a purificare l'atmosfera.

È tradizione, specialmente nelle famiglie brahmine, che il crepuscolo sia destinato alla pratica spirituale. La famiglia si reca nella stanza della puja e prega e canta per almeno mezz'ora. Ai giorni nostri, però, la televisione trasmette tutti i telefilm di successo proprio ogni sera dalle sei e trenta alle sette: così accade di frequente che i genitori si assicurano che a quell'ora i figli stiano pregando, per poter guardare in pace i film serali alla televisione.

Vedo questo di persona quando faccio visita alle case dei devoti di Amma in India. Ricordo di essermi trovato a visitare una casa precisamente alle sei e mezza di sera: i genitori avevano appena mandato i figli nella stanza della puja, ma poiché c'ero io, non riuscirono a guardare il film. Era chiaro che erano seccati che fossi arrivato a quell'ora, anche se non volevano dirmi di andarmene. Più tardi furono loro stessi a rivelarmi: "Swami, diciamo ai nostri figli di pregare proprio dalle sei e mezza alle sette perché gli episodi del film durano solo mezz'ora, perciò per noi è sufficiente". Pregai interiormente Amma e La ringraziai che almeno non mi avessero chiesto di andarmene.

Amma ha commentato che, nonostante siano in molti ad avere qualche interesse per la spiritualità e un certo amore per Dio, sono veramente poche le persone che afferrerebbero la Liberazione se fosse offerta loro. Amma dice scherzando che, perfino se Dio in persona venisse alla nostra porta ad offrirci la Realizzazione Suprema, noi diremmo: "Sai, Signore, sto guardando un film davvero fantastico. Puoi ritornare quando sarà finito?"

È inoltre molto importante quello che si fa prima di dormire. Anziché vedere film violenti o leggere racconti dell'orrore, dovremmo fare letture con valori morali o spirituali, ad esempio qualche pagina tratta degli insegnamenti di Amma o di qualche altro Maestro Realizzato, o un testo delle Scritture. Sono in tanti a ribattere che i film e i media non influenzano la psiche o il comportamento di una persona, ma molti psicologi vi diranno che è meglio leggere qualcosa che plachi e calmi la mente, specialmente prima di andare a letto.

Anche Amma consiglia di meditare per dieci minuti prima di andare a dormire e per altri dieci subito dopo essersi alzati, poiché la meditazione regolare ha un effetto sottile ma molto importante. Amma dice che le diverse emozioni producono vibrazioni diverse dentro e intorno a noi: la collera produce un tipo di vibrazione, la sensualità un altro e l'amore materno un altro ancora. Il mantra japa e la meditazione creano dentro di noi una vibrazione molto benefica. La scienza moderna ha condotto numerosi studi dimostrando che la meditazione possiede anche un'influenza molto positiva sulla nostra salute fisica e mentale e che attiva, inoltre, parti del cervello connesse a felicità e sensazioni di benessere. In uno studio sul potere della meditazione presso l'Università del Wisconsin si è misurata l'attività di tali parti del cervello nelle persone comuni, confrontandola poi con le analoghe zone cerebrali di alcuni monaci buddhisti tibetani. L'indicatore di "felicità" dei monaci più anziani, che avevano regolarmente meditato per molti anni, superò il valore massimo del diagramma redatto dall'Università. Questi monaci erano più felici di quanto gli scienziati ritenevano si potesse essere.

I saggi dell'antichità davano grande importanza allo svolgimento della pratica spirituale prima di iniziare la giornata. In un passo dello *Srimad Bhagavatam*, il saggio Suka, per descrivere in parte la decadenza dei valori spirituali e morali nel *Kali Yuga*, o Età del Materialismo (in cui ci troviamo attualmente), afferma che "per iniziare il giorno sarà sufficiente fare il bagno senza nessun'altra routine mattutina". Non la pensa esattamente così forse anche la maggioranza di noi? Specialmente se siamo di fretta, faremo una doccia rapida e correremo fuori con un pezzo di brioche in mano. Quello che i saggi ci ricordano, però, è che anche la nostra mente ha bisogno di un bagno mattutino e questa pulizia interiore può essere ottenuta attraverso la meditazione e le altre pratiche spirituali.

Qualcuno si chiede perché nel Sanatana Dharma vi siano tanti rituali e cerimonie esteriori, visto che Dio è all'interno. "Come troveremo Dio all'interno se Lo cerchiamo sempre all'esterno?"

Se queste persone chiudessero gli occhi per due minuti e cercassero di trovare Dio all'interno, penso che troverebbero la risposta: guardarsi dentro non è così semplice come sembra, perché la nostra mente ha tendenze molto estroverse e quando lanciamo un attacco diretto alla mente, cercando di ritirare immediatamente i sensi e di focalizzarci interiormente, la mente si rivolterà e la nostra agitazione mentale aumenterà di dieci volte.

C'è un verso nella *Katha Upanishad*:

parāñci khāni vyatṛṇat svayambhū-
stasmāt parāṅpaśyati nāntarātman

Il Signore Supremo esistente in Sé,
creò gli organi di senso con un difetto,
attribuendo loro tendenze estroverse;
perciò con essi l'uomo percepisce soltanto
gli oggetti esterni e non il Sé interiore.

(II.i.1)

Amma afferma che, sebbene Dio sia all'interno, la mente non guarda internamente, e quindi lo scopo delle forme esteriori di culto è di indurre la mente a concentrarsi su Dio, lasciando che fluisca all'esterno, così come le piace fare, ma controllando l'oggetto della sua attenzione. Con la pratica, lentamente, si potrà rivolgere l'attenzione all'interno.

In India, le madri hanno un metodo interessante per far mangiare i figli. Sappiamo tutti che è difficile convincere i bambini a mangiare quando lo vogliamo noi, e così, queste madri, anziché chiamare i figli perché vadano a mangiare, offrono loro qualcos'altro da fare. La madre dice al bambino: "Vieni, caro, andiamo a guardare la luna", e intanto gliela indica e la descrive; quando l'attenzione del piccolo è totalmente assorbita dalla luna, gli mette in bocca del cibo. Oppure la madre porta il piccolino in un parco pubblico e lo spinge sull'altalena, dandogli un boccone ogni volta che l'altalena ritorna verso di lei. Il bambino non pensa di stare mangiando ma di andare in altalena o di guardare la luna.

Le forme esterne di culto sono simili. Anche l'*hatha yoga* è una forma di culto esteriore nella quale ci si concentra sulla posizione del corpo, anche se il vero scopo è di calmare e concentrare la mente. Analogamente, alcuni amano meditare focalizzandosi sul respiro, ma, ancora una volta, il risultato desiderato è di quietare la mente. Entrambe queste tecniche possono funzionare molto bene, poiché la mente è intimamente connessa col corpo e col respiro e non avrà l'impressione di essere sotto attacco.

Quando leggiamo l'*archana*[2], facciamo una *puja* o l'*homa*, o meditiamo su un'immagine del Guru o della nostra divinità prediletta, stiamo in verità focalizzando l'attenzione su ciò che si trova di fronte a noi. In questo modo riusciamo a ritrarre da ogni altra cosa la vista, l'udito e gli altri sensi e, lentamente, ciò ci aiuterà a sviluppare maggiore concentrazione. Anziché lasciare che si dirigano verso una varietà di oggetti, si cerca di focalizzare i sensi su un solo oggetto, e non un oggetto qualunque, ma un oggetto con qualità divine, in modo da coltivare, contemporaneamente, un cuore puro. Quando la mente diventerà più concentrata, sarà più facile focalizzarla all'interno: ecco lo scopo di tutti questi rituali esteriori. Anche se esteriore, si tratta di un processo per volgersi verso l'interno.

Non si deve mai pensare di non poter condurre una vita spirituale, nemmeno se si svolgono pratiche spirituali soltanto per venti minuti al giorno. Nel Suo discorso del 2005 in occasione del Guru Purnima, la festività durante la quale si rende omaggio al Guru, Amma ha presentato le seguenti semplici pratiche che chiunque può introdurre nella propria vita al fine di armonizzarla con i Suoi insegnamenti:

1) Un giorno di silenzio alla settimana, che può essere osservato insieme a meditazione, mantra japa o digiuno.

2) Fare una telefonata o scrivere una lettera amorevole alla persona verso la quale proviamo rabbia.

3) Una volta alla settimana fare il seguente voto: "Oggi non mi arrabbierò con nessuno". Potremo fallire e arrabbiarci con qualcuno, ma dobbiamo persistere negli sforzi senza scoraggiarci.

---

[2] In questo libro e all'ashram di Amma, *archana* si riferisce generalmente alla recitazione dello Sri Lalita Sahasranama, i 1000 Nomi della Madre Divina.

4) Mettere a punto un programma spirituale, con la lista delle pratiche da svolgere e delle qualità da sviluppare; guardarlo ogni mattina e attenersi alle indicazioni. Amma sottolinea che il programma funzionerà come un allarme che ci avverte quando un attaccabrighe entra in casa nostra.

Amma afferma che portare avanti una vita spirituale significa condurre una vita normale con un atteggiamento spirituale; così, la maggior parte delle azioni può diventare una pratica spirituale. Una delle pratiche più importanti consiste nello sviluppare buone qualità come la gentilezza, la pazienza, la compassione e l'amore. Se si guarda da vicino la propria vita, si vedrà che, durante il giorno, le occasioni per coltivare ed esprimere queste qualità sono molte.

Nella *Bhagavad Gita*, il Signore Krishna dice:

**ne'hā bhikramanāśo'śti pratyavāyo na vidyate
svalpam apy asya dharmasya trāyate mahato bhayāt**

*In questo (sentiero spirituale) lo sforzo non va sprecato;
né vi è alcun effetto avverso. Perfino la pratica di un po'
di questo dharma protegge da una grande paura.*

(II.40)

Generalmente, gli sforzi che si fanno nel mondo hanno fondamentalmente due difetti; il primo è che tutta la fatica impiegata può andare sprecata se, per un motivo o per l'altro, non si raggiungerà lo scopo. Per esempio, lavoriamo per mesi nei campi per avere un buon raccolto ma, se prima della mietitura si scatena un ciclone, dobbiamo ricominciare da zero.

La seconda pecca è che gli sforzi impiegati possono produrre un risultato diverso da quello desiderato. La medicina che si prende per guarire da una malattia potrà avere effetto oppure no, e potrebbe anche dare qualche allergia. Dunque, gli sforzi hanno mancato di dare il risultato voluto e hanno prodotto, in realtà, un effetto diverso, contrario addirittura a quello sperato.

Ma nel verso qui sopra, Krishna ci dice che le fatiche compiute sul cammino spirituale non posseggono i difetti inerenti invece a ogni altro tipo di sforzo. Proprio come da un pasto salutare si riceverà sempre nutrimento, così anche dal più piccolo sforzo posto nelle pratiche o nell'applicare i princìpi spirituali alla propria vita, ne conseguirà certamente un beneficio. Questa è un'altra legge dell'universo, altrettanto incrollabile di quella del karma. Comprendendo questa verità, non dovremmo mai esitare di rivolgerci alla spiritualità, nemmeno in età avanzata, e non dovremmo mai pensare di abbandonare gli sforzi, o disperarci che siano stati inutili. Quando compiamo pratiche spirituali, ne trarremo un beneficio; la cosa è certa: è una legge universale. ❖

Capitolo 6

Invertire il meccanismo – Espandere la mente col servizio altruistico

Nel suo famoso poema La terra desolata, il poeta T.S. Eliot descrive la vita moderna come moralmente e spiritualmente vuota. In un certo punto del poema, il narratore osserva una fila apparentemente senza fine di esseri umani che attraversano il ponte di Londra per andare al lavoro. I loro movimenti sono così meccanici e la loro vita appare talmente priva di significato che Eliot si riferisce a loro come a dei morti viventi, dicendo: "Non avevo idea che la morte ne avesse annullati tanti".

Le Scritture del Sanatana Dharma sostengono che chiunque viva soltanto per sé, senza aiutare gli altri, non ha una vera esistenza; una simile persona vegeta solamente, vive come un animale. Una persona in coma può ancora essere considerata viva, ma vive veramente? Analogamente, chi conduce una esistenza centrata esclusivamente su se stesso vegeta soltanto. Nella *Bhagavad Gita*, il Signore Krishna si riferisce a persone simili come a dei ladri, poiché prendono sempre dal mondo, ma non danno mai nulla in cambio. Amma dice che finché si continuerà a prendere dagli altri, si resterà sempre dei mendicanti, e solo quando si comincerà a dare, si diventerà dei re. La vera esistenza ha inizio quando si comincia ad aiutare e servire il prossimo, quando si dimostra compassione.

C'era un uomo d'affari di grande successo, molto severo nel dirigere la sua compagnia. Uno dei suoi impiegati non aveva mai perso una sola giornata di lavoro e in dieci anni non era mai arrivato in ritardo, giungendo puntuale ogni mattina alle nove precise; creò quindi una certa sensazione in ufficio il fatto che, un giorno, le nove passarono senza che egli fosse ancora arrivato. Tutti smisero di lavorare e persino il capo uscì nel corridoio guardando l'orologio e brontolando.

Finalmente, alle dieci precise, l'impiegato si fece vivo, i vestiti impolverati e stracciati, il volto graffiato e contuso, gli occhiali tutti storti. Zoppicò dolorante verso il timbra ore, vi introdusse il cartellino e brontolò: "Scusate il ritardo, ma sono inciampato e rotolato giù per due rampe di scale, nella metropolitana. Per poco non mi ammazzavo".

Tutto quello che il capo seppe dire fu: "E ti ci è voluta un'ora per rotolare giù per due rampe di scale?"

Nonostante fosse un brillante uomo d'affari, a questo dirigente mancava la fondamentale qualità umana della compassione e sebbene sembrasse aver portato a termine molte imprese, non sapeva nemmeno rispondere in modo umano a una persona che lavorava al suo servizio con dedizione da così tanto tempo.

L'egoismo è diventato così prevalente che, per ispirarci, abbiamo bisogno di un esempio di altruismo veramente straordinario come quello di Amma. In verità, noi abbiamo una qualità in comune con Amma: siamo incorreggibili, ma in modo molto diverso. Noi siamo egoisti in modo incorreggibile e Lei è incorreggibilmente altruista. Se un giorno Amma non dà il darshan, non si sente degna di mangiare, mentre noi, se non abbiamo da lavorare, pensiamo che sia l'occasione buona per mangiare di più e fare un pisolino. Mentre noi siamo solo interessati a trovare la

maniera di ridurre la nostra sofferenza, Amma soffre volontariamente a vantaggio dei Suoi figli.

Ricordo un episodio accaduto nell'ashram di Amma in India
molti anni fa. Era il giorno di Vijaya Dashami, una festa in onore
della Dea della Conoscenza, Saraswati, nel quale molti devoti
conducono all'ashram i loro figli per la cerimonia con la quale
Amma inizia formalmente i bambini allo studio. Dalle nove del
mattino fino a mezzogiorno si recitano preghiere particolari, si
cantano bhajan e Amma esegue la cerimonia della scrittura per
centinaia di bambini. Tra loro, una particolare bambina arrivò
ammalata al darshan e sua madre confidò ad Amma che la piccola
aveva sempre la febbre e vomitava e La pregò di aiutarla.

Quando la cerimonia della scrittura fu finita, Amma si ritirò
nella Sua stanza, che allora era solo una piccola capanna, e immediatamente si sentì male: cominciò a vomitare ripetutamente e fu
colta da una febbre molto alta. Amma spiegò di avere preso su di
Sé la malattia dalla bambina. Amma rivelò che la bambina soffriva di questa malattia da molte vite, ma che Lei avrebbe esaurito
il karma al suo posto in brevissimo tempo. Tutti i discepoli più
vicini di Amma si recarono nella Sua stanza e si preoccuparono
molto per le Sue condizioni. Dopo poco avrebbe dovuto tornare
in sala per dare il darshan a tutti i devoti che aspettavano la Sua
benedizione in quel giorno di buon auspicio, ma Amma disse
che dubitava di poterlo fare. Allora un brahmachari andò nel
tempio e annunciò a tutti i devoti che Amma era ammalata e che
il darshan del pomeriggio doveva, purtroppo, essere cancellato.
Nell'udire queste parole, i devoti si sentirono abbattuti e scossi,
perché Amma non aveva mai cancellato un darshan per motivi
di salute. Per una devota il dolore di non poter ricevere il darshan
di Amma fu talmente insopportabile che cominciò a singhiozzare
rumorosamente e il suo pianto divenne un intenso lamento di
dolore e angoscia.

La sala era molto lontana dalla capanna di Amma, perciò è improbabile che Ella udì fisicamente il pianto di questa donna, ma Amma la sentì certamente nel Suo cuore. In quell'istante, dimenticando la nausea, la febbre, il mal di testa e la stanchezza che aveva provato fino a un momento prima, Amma scese improvvisamente dal letto e corse in sala a consolare Sua figlia. Poi andò a sedere e diede il darshan fino a tarda notte.[1]

Mentre la maggior parte di noi soffre a causa delle proprie azioni passate, i Veri Maestri come Amma soffrono volontariamente affinché non debbano soffrire gli altri, prendendo su di Sé i risultati delle nostre azioni passate. Infatti, uno dei 108 Nomi di Amma, recitati quotidianamente nell'ashram di Amma e dai Suoi devoti in tutto il mondo, può essere tradotto come "Colei che è felice di scambiare il paradiso con l'inferno per il sollievo degli altri".

Con lo sviluppo dell'altruismo anche l'ego dentro di noi si ridurrà naturalmente e la nostra innocenza intrinseca risplenderà. Ma per mantenere quella innocenza dovremo lavorare: senza regolari pratiche spirituali e una particolare attenzione nel coltivare buoni pensieri, le nostre tendenze negative latenti possono risvegliarsi in ogni momento e spingerci in abitudini e modelli di pensiero non salutari.

I lettori de *Il Successo Supremo* forse ricordano la storia del devoto il cui figlio, molti anni fa, aveva ricevuto da Amma il permesso di aprire un chiosco del tè nel terreno dell'ashram: ora c'è un altro capitolo a questa storia o, si potrebbe dire, un nuovo finale.

---

[1] Fino ad ora, negli oltre 30 anni in cui ha dato il darshan, Amma non ha mai cancellato un programma per malattia. Tenendo a mente ciò, appare chiaro che in quell'occasione Amma annunciò di dover cancellare il darshan soltanto per aumentare il desiderio nel cuore dei devoti.

Sebbene il devoto fosse molto avanti con gli anni, era così puro che Amma lo chiamava Baby Krishna, ma quando Amma, a causa dello spazio limitato, chiese al figlio di quest'uomo di spostare il chiosco di cui era proprietario, questo devoto perse tutta la sua innocenza e sostenne che suo figlio doveva avere il permesso di mantenere il chiosco nel terreno dell'ashram. Amma, molto compassionevolmente, disse che poteva prendersi un po' più tempo per trovare una nuova sistemazione. Nello stesso periodo, però, un albero di pipal, che è considerato sacro, germogliò in una crepa del muro del chiosco. In India vi è la credenza comune che ovunque cresca un tale albero, le attività mondane e quelle legate al denaro non avranno successo.

Conscio di questo, un giorno, il devoto versò dell'acqua bollente sulla pianticella di pipal, sperando che morisse e che suo figlio potesse evitare di spostare il negozio, ma quando il giorno seguente si recò da Amma per il darshan, Ella gli chiese molto arrabbiata: "Figlio mio, che cosa hai fatto a quel povero albero? Non potrai distruggerlo perché ho già espresso il sankalpa che possa vivere molti anni".

Dopo questa conversazione, il devoto si arrabbiò ancora di più con Amma, smise di venire e non solo, cominciò addirittura a spargere delle false voci su di Lei e per ben 15 anni non si fece più vedere. Ci volle un disastro naturale per riportarlo da Amma.

Quando si verificò lo tsunami, nel dicembre 2004, gli abitanti di interi villaggi si rifugiarono nei campi di soccorso allestiti da Amma presso il campus della Sua università, che si trova al di là del canale di fronte all'ashram. Amma fece visita molte volte ai campi dei rifugiati e, in un'occasione, incontrò il devoto che era solita chiamare Baby Krishna, che nel frattempo era diventato vecchio e debole. Amma si avvicinò al suo letto, gli accarezzò il capo con compassione, informandosi sulla sua salute e assicurandolo che l'ashram avrebbe dato alla sua famiglia tutto l'aiuto necessario.

Come volle il fato, questo anziano devoto morì solo due mesi dopo. In quel periodo Amma fece notare che lo aveva molto in mente, a causa della sua precedente innocenza e devozione, e che voleva vederlo ancora una volta prima che lasciasse il corpo.

A tal proposito è bene ricordare le parole di Amma: "Anche se si compiono 100 cattive azioni e soltanto una piccola cosa buona, Amma ricorderà sempre quell'unica cosa e non le cattive, mentre il mondo ricorderà soltanto gli errori anche se si fanno 100 cose positive e soltanto una piccola cosa sbagliata".

Una volta ho letto una storia vera su tre paracadutisti i cui paracadute si erano aggrovigliati a mezz'aria. Per un momento sembrò che tutti e tre fossero condannati, ma poi uno di loro comprese che il problema maggiore sembrava causato dal proprio paracadute e dal proprio peso, perciò si sfilò il paracadute e precipitò, perdendo la vita. Come risultato del suo gesto, gli altri due poterono liberare il proprio paracadute e si salvarono.

Pensate soltanto a quanto coraggio e altruismo sono necessari per fare una cosa simile. Tutti noi viviamo come persone i cui paracadute sono attorcigliati, ma non c'è nessuno che desideri sacrificare il suo interesse, e quindi tutti soffrono.

In molte circostanze della vita, scegliamo inconsciamente la possibilità che salvi noi anziché gli altri, e in un certo senso questo è comprensibile. Nel mondo moderno, la gratificazione personale immediata è considerata da molti il vero scopo della vita. Ma immaginate lo stato del mondo se la Natura ubbidisse a questo principio. Amma afferma che gli esseri viventi possono imparare molto osservando Madre Natura: "Prendete un melo, per esempio: dà tutti i suoi frutti agli altri e non prende niente per sé. Tutta la sua esistenza è per gli altri esseri viventi. La stessa cosa vale per un fiume che, sacrificandosi per gli altri, porta via la sporcizia di tutti senza aspettarsi nulla in cambio, e accetta volentieri tutte le impurità, restituendo purezza.

"Figli, ogni cosa in questo mondo ci insegna il sacrificio. Osservando attentamente, vedrete che tutta la vita è un sacrificio, che la storia di ciascuno di noi è la storia di un sacrificio. Il marito sacrifica la sua vita per la moglie e lei la sacrifica per lui; una madre per i suoi figli e questi per la famiglia. In un modo o in un altro, ognuno di noi sacrifica la propria vita: il mondo senza sacrificio non esiste".

In aggiunta alle pratiche spirituali come la meditazione, l'archana e i bhajan, Amma incoraggia tutti i Suoi figli a impegnarsi nel servizio altruistico: "Quando compiamo qualcosa di disinteressato per gli altri, senza aspettarci nulla, la mente si espande e la sua vastità ci permette di fare l'esperienza che il Sé in noi è lo stesso Sé in tutti. Questo è lo scopo delle nostre pratiche spirituali. Dio è espansione."

Qui, Amma intende dire che se si vuole che la mente si espanda, per prima cosa bisognerà compiere azioni generose. È una specie di meccanismo inverso, in un certo senso. I Mahatma come Amma sono stabiliti nell'unità con tutto il creato e quindi si sentono ispirati a cercare di elevare l'umanità sofferente. Per noi, invece, vale l'opposto: cercando di alleviare la sofferenza dell'umanità, alla fine potremo giungere all'esperienza della nostra unità con tutta la creazione.

Uno dei progetti più importanti delle opere di soccorso dell'ashram dopo lo tsunami fu la costruzione di ricoveri temporanei lungo la spiaggia, a circa un miglio dall'ashram. Dopo lo tsunami, molte persone non avevano davvero dove andare, né dove dormire. L'ashram ne alloggiò molte nella sua vicina università e ne sistemò tante altre nelle scuole statali locali. Tuttavia, poiché le vacanze invernali stavano volgendo al termine, il governo comunicò che i profughi dovevano andarsene, perché le scuole stavano per riaprire. Diventava imperativo, quindi, ultimare immediatamente i ricoveri temporanei.

Il brahmachari incaricato della costruzione lavorava giorno e notte; ogni volta che Amma gli telefonava per verificare l'andamento dei lavori, lui stava lavorando, che fosse mezzanotte, le due o le quattro del mattino. A un certo punto Amma gli disse di andare a dormire, ma egli rispose che non poteva, perché sapeva che ogni ora trascorsa senza che i ripari fossero completati avrebbe significato per le vittime dello tsunami un'altra ora senza un luogo dove riposare.

Parlando di questo brahmachari, Amma in seguito disse: "È riuscito a trascendere i suoi bisogni fisici perché si è identificato con la sofferenza degli altri". E poi aggiunse: "Una madre non si stanca mai di prendersi cura dei figli perché li considera parte di sé".

Alcuni anni fa un occidentale arrivò all'ashram. Si trattava di un turista che passava di là senza sapere niente di Amma. Aveva sentito dire che abbracciava le persone, vestita come la Madre Divina, e voleva vedere di persona. Dopo essersi registrato, ricevette dal personale dell'ufficio di accoglienza l'invito a presentarsi al banco del seva per avere, come tutti, l'assegnazione di un lavoretto utile per il funzionamento dell'ashram. Un brahmachari che si trovava lì vicino sentì la conversazione tra il coordinatore del seva e l'ospite. Il primo chiese: "Bèh, puoi spazzare o lavare le pentole. Quale dei due seva preferisci?"

L'uomo rispose: "Uhm, no grazie".

"Come, 'no, grazie'?", chiese il coordinatore.

Il visitatore rispose: "Mi dispiace, non sono interessato a svolgere alcun lavoro".

"Vedi, Amma consiglia a tutti di impiegare un poco del loro tempo nella manutenzione dell'ashram".

"Bèh, allora forse vuol dire che sono venuto nel posto sbagliato!" L'uomo cominciava ad arrabbiarsi, perciò il coordinatore del seva non fece ulteriore pressione. Poi, l'uomo si recò a vedere

Amma che stava dando il darshan; il brahmachari che si era trovato vicino a lui, lo seguì e iniziò una conversazione. "Stai andando a ricevere il darshan?", chiese il brahmachari.

"No", rispose stoicamente l'ospite, "sto solo guardando". Osservò con crescente curiosità fino alla fine del darshan del pomeriggio e quando Amma salì le scale per tornare nella Sua stanza, disse: "Davvero impressionante che sia rimasta seduta per tutto questo tempo. E questa cosa del Devi Bhava, che cos'è?"

"Oh, è stasera", rispose il brahmachari.

Il visitatore fu molto sorpreso di udire quelle parole. "Vuoi dire che uscirà di nuovo, oggi?"

"Naturalmente", disse il brahmachari, "tra due ore soltanto, e poi resterà seduta tutta la notte fino a che sarà venuta l'ultima persona".

Il visitatore non poteva crederci, ma quella notte lo vide con i propri occhi, e quando il Devi Bhava fu concluso, alle sette del mattino successivo, egli corse di nuovo dallo stesso brahmachari. "È straordinario", gli disse, "e lo fa tutti i mesi?"

Il brahmachari replicò: "Ehi, non tutti i mesi: tutti i giorni! Il darshan ogni giorno e il Devi Bhava due volte alla settimana!" Udendo ciò, l'ospite restò stupefatto, incapace anche solo ad immaginare una cosa simile.

Dopo poco, Amma uscì dalla Sua stanza e cominciò a fare 'il seva dei mattoni'. A quel tempo, Amma e i residenti dell'ashram stavano costruendo la grande sala del tempio. Amma aveva insegnato a tutti i residenti dell'ashram a fare i mattoni mescolando sabbia e cemento nelle giuste proporzioni, e a ognuno era stato chiesto di costruire 10 mattoni al giorno. Come sempre, Amma lavorò insieme ai residenti dell'ashram nella preparazione dei mattoni e nella loro posa in opera. Spesso, cominciava a lavorare e andava avanti per ore di fila, proprio quasi immediatamente dopo aver terminato il darshan.[2]

In questa occasione, dopo aver appena finito di dare il darshan per 14 ore, Amma guidò i residenti dell'ashram in questo lavoro manuale per alcune ore ancora. A quel punto, l'uomo era completamente confuso e il giorno dopo sembrò totalmente sbalordito quando vide Amma dare nuovamente il darshan.

Quella settimana, il coordinatore del seva avvicinò il brahmachari che aveva parlato con il visitatore. "Sai che cosa è accaduto a quel ragazzo che non voleva fare seva? Questa mattina è venuto timidamente e ha detto: 'Mi scusi, signore, per favore, potrei avere un seva?'" Questo visitatore è diventato poi uno dei più affidabili lava-pentole dell'ashram.

Amma dice: "La bellezza e il fascino dell'amore e del servizio disinteressato non devono sparire dalla faccia della terra. Il mondo deve sapere che una vita di dedizione è possibile, che una vita ispirata dall'amore e dal servizio all'umanità è possibile".

Cerchiamo, ognuno nel proprio piccolo, di fare il possibile affinché il desiderio di Amma si realizzi. Non è necessario fare niente di spettacolare: tante piccole mani fanno miracoli.

---

[2] Oggi, come parte delle opere di soccorso in seguito allo tsunami, la maggior parte dei residenti dell'ashram, e molti visitatori da tutta l'India e dall'estero, sono impegnati per sei o più ore ogni mattina nel moderno 'seva dei mattoni'. La gran parte delle case costruite dall'ashram dopo la tragedia non è collegata a una strada, e quindi ci vogliono molte ore e molte persone per trasportare i mattoni dalla strada più vicina al luogo dove nascerà la nuova casa. Per ogni nuova casa sono necessari 13.000 mattoni. Soltanto nelle immediate vicinanze dell'ashram sono state costruite più di 1.400 nuove case (su un totale di 6.200) per le vittime dello tsunami. Ciò significa che più di 18 milioni di mattoni devono venire spostati manualmente dai residenti e dai visitatori. Inoltre, ispirati dall'esempio di Amma, gli ashramiti lavorano imperterriti e instancabili sia sotto il sole cocente sia sotto la pioggia. Il 27 settembre 2005, giorno del 52esimo compleanno di Amma, erano già state completate e assegnate ben 1.200 case nuove.

Poco dopo lo tsunami, i devoti di Amma di Houston in Texas organizzarono una serata per la raccolta di fondi per le opere di soccorso. L'avvenimento comprendeva un pasto indiano e una serata di musica classica indiana e, da solo, consentì ai devoti di raggiungere l'obiettivo di raccogliere 25.000 dollari per il fondo di Amma a favore delle opere di soccorso. Più tardi, uno degli organizzatori mi disse: "Quando ho sentito che Amma aveva stanziato 23 milioni di dollari alle opere di soccorso, ho avuto l'idea di raccogliere 25.000 dollari a questo scopo, o 1/1000esimo del totale. Se i devoti di Amma in tutto il mondo organizzassero 1.000 raccolte fondi come questa, potremmo raccogliere l'intera cifra". Può sembrare che 25.000 dollari sia una cifra impossibile da raccogliere, ma ascoltando la visione innocente e ottimistica di quest'uomo, la cosa non sembra affatto inverosimile.

Quando un gruppo di giornalisti chiese ad Amma come potesse offrire una somma così elevata per le opere di soccorso, Ella rispose: "I miei figli sono la mia forza". Non stava riferendosi soltanto ai brahmachari, brahmacharini e agli altri ashramiti che lavorano fino a 15 ore al giorno senza ricevere paga alcuna, impegnanti ad aiutare quante più persone il più celermente possibile. Riferendosi ai milioni di devoti in tutto il mondo, Amma ha detto: "Ho molti bravi figli che fanno tutto quello che possono". Ha continuato descrivendo come, perfino i bambini confezionino bambole o statuette, per donare il ricavato della vendita alla loro amata Amma. "Alcuni bambini", ha detto, "dicono di volere che il denaro che ricevono per il loro compleanno o per un gelato vada ad Amma, ricordando ai genitori che Amma lo potrà usare per aiutare i bambini poveri. Altri bambini vengono da Amma e offrono i loro risparmi, pregando di usarli per comprare penne per gli studenti poveri. Amma non vorrebbe accettarli perché altri bambini che non hanno nulla da dare potrebbero addolorarsi, ma quando vede la bontà dei loro cuori, non ha scelta. Lo Stato da solo non può fare tutto. Questi bambini darebbero il denaro al governo con lo stesso amore con cui lo danno ad Amma?"

Una volta, un uomo completamente privo di ogni nozione spirituale andò ad incontrare Amma durante uno dei Suoi tour all'estero. L'uomo era un corridore motociclista professionista, un accanito fumatore e forte bevitore, ma quando Amma arrivò, egli andò a vederla pieno di curiosità, semplicemente attirato dalla Sua foto sui depliant del tour. Disse che, col solo entrare in sala, fu sopraffatto da un'onda di energia spirituale tale da non potervi rimanere e che decise, allora, di svolgere qualche seva all'esterno, ispirato dall'esempio di servizio altruistico che Amma stava dando. La sola cosa utile che sapeva fare era guidare, e così cominciò a trasportare la gente dalla vicina stazione dei treni alla sala, e viceversa. Ogni volta che prelevava qualcuno e poi lo riportava indietro dopo aver incontrato Amma, notava una grande differenza nell'espressione del volto; un senso di soddisfazione gli sgorgò dal cuore.

Verso la fine del suo seva, l'uomo andò alla stazione e prelevò un ragazzo in carrozzella affetto da paralisi cerebrale. Sul suo viso c'era un'aria di dolore e disperazione tali che l'uomo provò una grande compassione per lui. Più tardi, dopo il darshan, l'uomo riportò il ragazzo alla stazione e lo aiutò a scendere dal veicolo e ad accomodarsi sulla carrozzella. I loro occhi si incontrarono e sebbene il ragazzo non potesse parlare, l'uomo notò una grande differenza sul suo volto: ora irradiava vitalità e gioia, come se la sua esistenza avesse avuto un nuovo inizio. Lacrime di gratitudine scendevano lungo le guance del ragazzo privo di parola; egli cercò di allungare le braccia deformi verso il conducente, come a ringraziarlo per avergli reso possibile quella toccante esperienza. Improvvisamente, l'uomo sentì sgorgare, dal profondo di sé, una corrente di gioia e di lacrime così intensa che scoppiò a piangere come un bambino. Abbracciò il ragazzo handicappato nella sua carrozzella ed entrambi piansero a lungo, l'uno nelle braccia dell'altro. L'uomo disse che dopo questa esperienza provò una pace costante per giorni e giorni.

Quest'uomo non aveva fatto altro che servire in modo altruistico utilizzando una capacità che possedeva già, e per grazia di Amma riuscì a sperimentare una beatitudine profonda – qualcosa che di solito richiede intere vite di pratica spirituale. Attualmente è un uomo completamente cambiato, ha abbandonato tutte le sue cattive abitudini in cambio della dolce felicità dell'amore di Amma.

Tutt'uno con l'Essere Supremo, durante i Suoi programmi di darshan Amma non ha bisogno che noi laviamo piatti o tagliamo verdure, né che aiutiamo i progetti di servizio disinteressato dell'ashram. In verità, Ella non ha alcun bisogno di noi per servire gli altri, eppure ci offre l'opportunità di fare queste cose perché conosce l'infinito bene che tali azioni ci procureranno, se svolte con amore, attenzione e sincerità: l'espansione che porteranno alla nostra mente. Molti anni fa, quando l'ashram cominciò a intraprendere i primi progetti di servizio sociale su larga scala, Amma commentò: "Veramente Amma non ha interesse a costruire un grande ashram o ad avere un orfanotrofio o un istituto di ingegneria o un ospedale: sto facendo tutto questo solo per i devoti che vengono qui". Ora, le istituzioni di Amma stanno offrendo a molte migliaia di persone la possibilità di crescere spiritualmente attraverso il servizio altruistico.

Amma dice: "Il servizio disinteressato ha grande importanza nello sviluppo spirituale personale perché grazie a esso ci si può purificare e preparare completamente, rendendosi idonei alla Realizzazione".

Preghiamo Amma che, anche se totalmente ignoranti di spiritualità, alla fine Ella ci doni la forza di compiere azioni disinteressate con un cuore puro, espandendo pian piano la nostra mente. Se faremo degli sforzi sinceri in accordo alle nostre capacità, Amma ci ricompenserà certamente con l'esperienza della beatitudine interiore e ci guiderà alla meta finale della Realizzazione della sorgente di tale felicità, o Dio, nel profondo dei nostri cuori. ❖

Capitolo 7

"Abbandonare i bufali"
ovvero "Liberarsi di
preferenze e avversioni"

L e Scritture affermano che nella creazione vi è un'armonia prestabilita. Gli animali che uccidono altri animali per nutrirsi stanno solo ubbidendo alla catena alimentare naturale ideata da Dio, o Madre Natura; per l'uomo, invece, cacciare e uccidere un animale, è uno sport. Tuttavia, se un animale uccide un essere umano, non è certo considerato un fantastico atleta, tutt'altro: si dice che l'animale è un pericoloso mangiatore di uomini e lo si uccide. Dunque, soltanto gli esseri umani creano disarmonia nella creazione, saccheggiando e distruggendo Madre Natura, inquinando l'atmosfera, commettendo ogni sorta di crimini e creando caos nel mondo.

La principale ragione per cui gli esseri umani agiscono in questo modo è chiamata dalle Scritture *raga-dvesha*, preferenze e avversioni. L'intera esistenza – quasi tutto quello che si fa – è azionata da preferenze e avversioni: si vuole avere o entrare in possesso di ciò che piace ed evitare o sbarazzarsi di ciò che non è gradito. Può trattarsi di un oggetto, una persona o una situazione, ma per realizzare questi scopi la gente è disposta a superare ogni limite, rivolgendo pochissima attenzione ai valori morali e spirituali. L'espressione "il mondo è una giungla", è accettata comunemente, non come una descrizione del mondo animale, ma della natura della società umana.

Quando un medico prescrive una particolare medicina, non basta che sappia che quel farmaco ha il potere di guarire la malattia: deve anche essere informato sui possibili effetti collaterali che può causare al paziente. Nello stesso modo, quando si vuole soddisfare un desiderio, si ha probabilmente una chiara idea di quale azione sarà utile a realizzarlo, ma non ci si sofferma mai a pensare agli effetti che quel gesto avrà su altri aspetti della vita. Ecco perché si sperimenta sia piacere sia infelicità: è il risultato degli sforzi compiuti per realizzare i propri desideri e delle conseguenze non previste di quegli stessi sforzi.

La maggior parte della gente non mette mai in dubbio gli sforzi incessanti con i quali cerca di acquisire ciò che ama ed evitare ciò che detesta. Un'analisi delle proprie preferenze o avversioni, però, rivelerà che, in verità, non c'è nessuna logica in esse. Per esempio, a una persona piace fumare, mentre un'altra non può neppure sopportare l'odore delle sigarette. Taluni amano il whisky, e per altri è nauseante anche un solo sorso. Le lumache sono una prelibatezza per metà della popolazione mondiale e una vista rivoltante per l'altra metà. Una persona gradisce molto una cosa e un'altra la detesta. Inoltre, perfino la stessa persona potrà aborrire una certa cosa in un periodo della vita e preferirla in un successivo momento. Se la felicità fosse la natura intrinseca di queste cose, non procurerebbero forse sempre gioia a tutti?

Ho letto recentemente uno studio condotto negli Stati Uniti il quale dimostra che il denaro, in una certa misura, può comprare la felicità, anche se il fattore decisivo non è la quantità di denaro che si possiede. Piuttosto, lo studio mette in luce che ci si sente più felici se si possiede più denaro in confronto a persone dello stesso livello. Ciò vuol dire che una persona che guadagna 30.000 dollari l'anno può essere più felice di una che ne guadagna

100.000, a patto che quelli della sua stessa classe ne guadagnino solo 20.000, e i pari del più ricco, invece, guadagnino più o meno come lui. Questo significa che la felicità che le persone provano non deriva da quanto denaro guadagnano, ma dalla sensazione di avere maggior successo di chi le circonda. Quanto profonda e duratura potrà essere una tale felicità?

L'assenza di una logica che spieghi le preferenze e le avversioni indica che gli esseri umani, le creature più intelligenti della terra, conducono una vita irragionevole e irrazionale. Ciò spiega perché le Scritture definiscono la conoscenza mondana inferiore e quella spirituale superiore. L'unica cosa al mondo che può sempre e solo essere di beneficio è la conoscenza del Vero Sé. Amma è qui per aiutarci a raggiungere questa conoscenza suprema che rappresenta la sola via per sfuggire al ciclo di nascita e morte. Qual è questa conoscenza? È la conoscenza di essere una sola cosa con Dio, che è onnisciente, onnipotente e onnipervadente.

Adi Shankaracharya in *Viveka Chudamani*, ovvero *Il gran gioiello della discriminazione*, mette in evidenza che abitualmente gli animali perdono la vita poiché schiavi di uno dei cinque sensi. Un cervo incontra la morte a causa della sua attrazione per un suono particolare prodotto dal cacciatore: avvicinandosi al suono, il cervo arriva a tiro delle armi del cacciatore. La falena è attirata dalla luce della fiamma che la brucerà. L'ape lavora diligentemente per raccogliere il polline e produrre il miele, solo per essere uccisa dagli esseri umani che desiderano il frutto del suo lavoro. L'elefante è mesmerizzato dal tocco di un altro elefante, e alla fine entrambi cadono in una profonda fossa da cui non riescono più a uscire. Se gli animali possono perdere la vita inseguendo soltanto uno dei loro cinque sensi, Shankaracharya si chiede quale possa essere la sorte degli esseri umani che sono schiavi di tutti e cinque! Amma racconta la storia seguente.

Un uomo che vaga per una città straniera alla ricerca di qualche divertimento, entra in un locale illegale. Si trova davanti tre porte. Dietro la porta di sinistra c'è un club dove servono alcool e altre droghe; dietro la porta centrale ci sono le camere di una prostituta, e dietro la porta di destra c'è l'ufficio dove sono custoditi i profitti del locale. Ricordando la moglie a casa, l'uomo riflette: "È meglio che non vada con una prostituta o che prenda droghe illegali, ma che male c'è nel bere qualche bicchiere? Così riflettendo, l'uomo entra nel club dove beve numerosi bicchierini. Poi, in stato di ubriachezza, è meno esitante a prendere qualche droga, e dopo essersi drogato, esce dal club completamente fuori controllo. Vedendo le stanze della prostituta, non pensa più che sia poi una cattiva idea entrarvi e, prima di allontanarsi dal locale, deruba anche l'ufficio. Alla fine, l'uomo viene catturato dalla polizia e mandato in prigione.

Nella *Bhagavad Gita*, il Signore Krishna dichiara:

Dhyāyato visayān pumsah sangas tesu'pajāyate sangat samjāyate kāmah kāmāt krodho'bhijayate krodhād bhavati sammohah sammohat mrtivibramah smrti bhramsad buddhināso buddhināsāt pranasyati

In chi si sofferma sugli oggetti
nasce un attaccamento a quegli oggetti.
Dall'attaccamento nasce il desiderio
e dal desiderio nasce la rabbia.
Dalla rabbia deriva la confusione mentale
e dalla confusione la perdita di memoria.
A causa della perdita di memoria,
la mente diventa inetta,

e quando la mente è tale,
la persona è rovinata.

(II.62-63)

In questo verso, Krishna spiega come l'attaccamento profondo
agli oggetti del mondo possa condurre alla distruzione. Facendo
un esempio pratico, supponiamo che un uomo vada al lavoro a
piedi tutti i giorni e che sul suo cammino incontri molti scono-
sciuti, alcuni tutti i giorni, altri, invece, soltanto una volta e mai
più. Un giorno, gli capita di notare una donna attraente che si
sta recando al lavoro. Il giorno dopo, rivede la stessa donna, e
in breve si ritrova a non vedere l'ora di incontrarla durante il
percorso quotidiano. Un bel giorno trova il coraggio di parlarle
e di chiederle un appuntamento. Nel giro di poco s'innamora e
sente che non potrà più vivere senza di lei. Prima di incontrar-
lo, la donna era già corteggiata da un altro uomo e questo crea
un'intensa rivalità tra i due uomini, tanto che un giorno tra loro
scoppia una lite, e alla fine sono entrambi accusati di reciproco
tentato omicidio. Inutile dire che nessuno dei due conquista la
ragazza dei suoi sogni.

In alcune situazioni della vita usiamo il potere di discriminazione, ma non lo applichiamo abbastanza nei confronti degli organi sensoriali. La maggior parte della vita è spesa semplicemente
soddisfando i desideri degli organi di senso, spesso diventandone
perfino schiavi. Se guardiamo Amma, però, vediamo che per gli
esseri umani è possibile vivere una vita più sublime. Neppure nella
Sua infanzia Amma acconsentì a diventare schiava degli oggetti
del mondo, e tutta la Sua energia era messa al servizio dell'umanità
sofferente. Una persona comune è controllata dai propri organi
di senso, mentre un Maestro Realizzato come Amma li controlla
completamente.

Per dirla in un altro modo, sia una persona sotto arresto che il presidente dello stato saranno circondati da molti poliziotti, ma, mentre il primo è sotto il loro controllo, il presidente li ha ai suoi ordini. Il nostro scopo deve essere quello di raggiungere gradualmente questo stato di completo controllo della mente e dei sensi.

Prendiamo il semplice esempio del cibo. Ci sono casi di persone che arrivano al limite estremo di chiedere il divorzio, solo perché il partner non cucina bene. Vi sembra incredibile? Conosco personalmente un uomo che non poteva sopportare la cucina di sua moglie, per cui ogni sera andava a cenare al ristorante vicino casa, dove era servito sempre dalla stessa cameriera: alla fine i due si innamorarono e l'uomo lasciò la moglie per questa cameriera. Vissero felicemente finché lei lasciò l'uomo per un altro cliente. Alla fine, l'uomo si ritrovò a essere uno scapolo bi-divorziato che non si sentiva neppure più a suo agio nel proprio ristorante preferito, e tutti i suoi problemi erano nati dal desiderio per del cibo gustoso!

Nell'ashram di Amma a San Ramon, in California, ogni sabato sera c'è un satsang seguito da una cena collettiva notoriamente deliziosa e, dato che la si può avere con una piccola donazione, è la migliore occasione in città. È così buona che un uomo era solito venire all'ashram solo per questa cena; non partecipava alla conversazione spirituale, alla meditazione o ai bhajan, ma compariva solo alle otto di sera puntuale per la cena. Poiché considerava sua moglie una pessima cuoca, la cena all'ashram di San Ramon era il momento saliente della sua settimana. L'uomo continuò in questo modo per mesi, finché, alla fine, arrivò il momento in cui Amma trascorse due settimane all'ashram, come ogni giugno negli ultimi 18 anni. L'uomo non era interessato a incontrare Amma, ma non voleva perdere la sua cena settimanale preferita. Uno dei programmi di Amma cadde di sabato, così egli si trovò all'ashram mentre Amma stava dando il darshan. Proprio mentre stava finendo di mangiare, capitò che qualcuno gli offrisse un biglietto per il darshan che gli consentiva di mettersi immediatamente in fila; siccome apprezzava molto le cose gratuite e convenienti, decise di andare al darshan pensando di chiedere ad Amma di benedire sua moglie affinché diventasse una cuoca migliore o perché almeno desse disposizioni ai residenti dell'ashram di San Ramon di offrire la cena collettiva più di una volta la settimana.

Con sua grande sorpresa, l'uomo fu molto toccato dal darshan di Amma e non Le chiese invece nulla. Dalla settimana successiva cominciò a partecipare all'intero programma serale del sabato e a servire perfino il pasto della sera. Ora, quest'uomo accetta di prendere un piatto per sé soltanto dopo che ogni altra persona ha mangiato a sazietà.

Così, mentre l'assecondare i sensi ci porta spesso alla rovina, con la grazia di Amma la debolezza per il cibo ha condotto quest'uomo alla spiritualità. Naturalmente, questo non significa che ci dovremo concentrare soltanto a mangiare i nostri piatti preferiti aspettando che Dio ci appaia davanti!

Dio ci ha dato intelligenza e discriminazione soltanto per aiutarci a sfuggire allo stesso destino degli animali dell'esempio di Shankaracharya, ma se non usiamo queste facoltà in modo appropriato, gli organi di senso diventeranno una maledizione per noi. Nel *Dhammapada*, Buddha afferma:

> *La pioggia potrebbe trasformarsi in oro*
> *ma la nostra sete non si placherebbe.*
> *Il desiderio è insaziabile – o finisce in lacrime –*
> *perfino in paradiso.*

Gli organi di senso, oggigiorno, riescono ad allontanare da Dio la maggior parte delle persone e a causare molta sofferenza; eppure potremmo trasformarli in una benedizione se li usassimo adeguatamente. Chi ha interesse nella spiritualità si sforza di applicare correttamente l'intelligenza e la discriminazione nei confronti degli oggetti dei sensi, in modo da avvicinarsi a Dio e rimuovere la sofferenza.

Naturalmente, sappiamo tutti per esperienza che non è facile avere il perfetto discernimento nell'uso degli organi sensoriali, perché le nostre tendenze innate, o vasana, ci illudono sempre facendoci credere che non potremo mai essere felici senza una certa cosa.

Un uomo entra in un bar, ordina contemporaneamente tre whisky in bicchieri separati e li beve tutti. Continua così per diversi giorni di seguito e, alla fine, il barista dice: "Sa, posso versare il contenuto dei tre bicchieri in un bicchiere più grande, se vuole".

Ma l'uomo dice: "No, preferisco così. Vede, io ho due fratelli: questo è per quello più vecchio; questo per il più giovane; e il terzo è per me. Facendo così immagino che siamo tutti e tre qui insieme a bere un bicchiere di whisky".

L'uomo continua a venire giorno dopo giorno e il barista gli serve sempre il whisky in tre bicchieri. Poi, un bel giorno, l'uomo dice: "Oggi mi dia solo due bicchieri".

Preoccupato, il barista domanda: "È successo qualcosa a uno dei suoi fratelli?"

"No, no", risponde l'uomo, "stanno bene entrambi. È solo che io ho deciso di smettere di bere!"

In questo stesso modo, la mente userà una logica contorta per giustificare i desideri superflui. Se non si usa il discernimento nel soddisfarli, perfino desideri comuni alla maggior parte di noi, come sposarsi e avere dei figli, possono dare dei problemi. Si deve sempre avanzare con cautela senza aspettarsi troppo e soprattutto si deve dare ascolto ai consigli del Guru.

Una volta, durante un tour di Amma all'estero, un uomo d'affari giovane, ma di grande successo, disse ad Amma che aveva recentemente incontrato una ragazza di cui si era innamorato e che progettava di sposare presto. Amma gli suggerì: "Non avere fretta, pensaci su prima di pendere una decisione".

L'anno seguente il giovane ritornò al darshan e questa volta con una signora al fianco. Amma gli chiese: "Oh, ti sei sposato?" Il giovane rispose: "Si, Amma, lei era così irresistibile che non ho saputo seguire il Tuo consiglio. Ci siamo sposati una settimana dopo l'ultima volta che Ti ho vista".

Lo stesso uomo ritornò anche la terza volta che Amma visitò la città. Erano passati tre anni da quando Amma lo aveva consigliato di riflettere sulla sua decisione di sposarsi. Questa volta era solo e non sembrava più tanto giovane, anzi, in verità, appariva abbattuto e stanco. Raccontò ad Amma che la moglie lo aveva lasciato e nella causa di divorzio aveva ottenuto la metà delle sue ricchezze; lui aveva speso la rimanente metà in spese legali. Pieno di rimorso, disse ad Amma che rimpiangeva davvero di non avere ascoltato il Suo consiglio. Quella donna, che il giovane pensava avrebbe potuto dargli una felicità senza fine, divenne la causa di un'interminabile sofferenza.

C'è un'altra storia che riguarda una coppia indiana che, dopo il matrimonio, non riusciva a concepire un figlio. Ogni volta che venivano da Amma, Le dicevano di volere un bambino e Amma disse loro: "Nel vostro caso, è meglio non avere figli perché anche se ne aveste uno, non credo che vivrebbe molto a lungo". Un Vero Maestro come Amma vede il passato, il presente e il futuro di ognuno di noi. Amma poteva vedere che a causa del loro *prarabdha*, questa coppia era destinata ad avere un figlio che sarebbe morto giovane. Cercando di dissuaderli dalla decisione di avere un figlio, Amma stava tentando di evitare loro questa esperienza dolorosa.

Comunque, questa coppia era così decisa ad avere un bambino che rimaneva sorda alle sagge parole di Amma e alla fine, Le diede un ultimatum: "Amma, se non vorrai darci un figlio, ci uccideremo, perché non vogliamo più vivere senza un bambino tutto nostro".

Amma li mise nuovamente in guardia sul pericolo che li aspettava più avanti, ma essi furono incrollabili. Alla fine Amma accettò di benedirli con un figlio. Due anni dopo, la donna partorì, ma, come previsto da Amma, il bambino si ammalò all'età di sei anni e morì poco dopo.

Lo shock per la morte del figlio fu terribile per la coppia: anche se Amma li aveva ripetutamente avvertiti, essi caddero in depressione e furono ricoverati in un ospedale psichiatrico. Ora, con la grazia di Amma, si sono quasi ripresi.

La società moderna ci dice che la realizzazione dei desideri è lo scopo principale della vita e che possiamo misurare il nostro successo sulla base delle mete e ambizioni che abbiamo raggiunto. Ma le Scritture ci indicano che c'è più di questo nella vita, e che a un certo punto dovremo lasciare tutto e concentrarci completamente sul sentiero spirituale. Quando un Maestro come Amma ci dice chiaramente che quello che desideriamo non sarà un bene per noi, dovremmo sinceramente cercare di abbandonare quell'attaccamento o quei desideri. I Mahatma non parlano a vuoto. Mentre noi pensiamo che la tragedia più grande sia non ottenere quello che vogliamo, in verità conseguire quello che desideriamo può perfino portarci a una tragedia ancora più grande.

Tutto questo non è per affermare che il desiderio di sposarsi o avere figli sia una cattiva cosa: non c'è niente di sbagliato nel matrimonio, nei figli o nell'inseguire degli scopi terreni, non sono assolutamente cose proibite. Le Scritture approvano il matrimonio e l'avere figli come una tappa essenziale nella vita di quasi tutte le persone. Affrontata nel modo giusto, la vita di famiglia è un'opportunità per dissolvere i nostri desideri e le vasana, a patto che ci ricordiamo che i desideri non possono essere esauriti completamente se non usiamo la discriminazione. Non dobbiamo perdere di vista l'ovvio: nulla di ciò che chiamiamo nostro è destinato a rimanere con noi per sempre.

Nella Bhagavad Gita, il Signore Krishna dice:

Dharmāviruddho bhutesu kāmo'smi barata rsabha

Io sono qualunque desiderio che non sia contrario al dharma.

(VII.11)

Le Scritture non chiedono mai di reprimere i desideri e le vasana, ma di superarli usando l'intelletto, la logica e il ragionamento. Se si fa un passo indietro ad analizzare quello che si desidera, è possibile vedere che vi sono dei limiti all'ammontare di felicità che si può ottenere da qualcosa che è impermanente. Quando ciò si trasformerà in ferma convinzione, a poco a poco i desideri cominceranno spontaneamente ad attenuarsi. Se reprimiamo i desideri e ci sforziamo di aderire a una disciplina esageratamente rigida, possiamo anche trascorrere anni in un ashram, ma per uscirne poi col desiderio di sposarci. Prima di ritirarsi in un ashram, prima di intraprendere una vita di *brahmacharya*, bisogna essere intellettualmente convinti che non si desiderino i piaceri del mondo, sapendo che non ci daranno mai una felicità stabile. Quando si usa questo tipo di discriminazione non c'è nulla da reprimere, poiché si sceglie semplicemente un cammino differente.

Una volta, due cacciatori organizzarono una spedizione in una remota zona selvaggia, accessibile soltanto per via aerea. Noleggiarono un aeroplano carico di provviste fino a quella regione isolata e chiesero al pilota di ritornare dopo due settimane. Quando questi ritornò, fu sorpreso nel trovare i due cacciatori con tre enormi bufali impacchettati.

"Va bene, siamo pronti a partire", dissero al pilota.

Il pilota rispose: "Che cosa credete di fare con quei bufali?"

101

"Portarli con noi, ovviamente. Pensa che vogliamo lasciarli qui?"

Il pilota rise e disse: "Non c'è modo di far stare quei tre bufali nel nostro piccolo aereo: dovrete limitarvi a uno solo".

"Ma andiamo!", si lamentarono i cacciatori. "L'anno scorso il pilota ha lasciato che ne portassimo tre!"

Il pilota era stupefatto. "Davvero?", chiese. "Bèh, immagino che se ci siete riusciti l'anno scorso, potremo farcela anche quest'anno. Proviamoci".

E così, in qualche modo, riuscirono a stipare due bufali all'interno dell'aereo, legarono il terzo sulla coda, e furono pronti a partire. Con grande difficoltà, il pilota si diede da fare per alzarsi da terra, lottando per guadagnare altitudine. Ma quando si trovarono di fronte a un grande crinale, non riuscirono superarlo e l'aereo andò a sbattere sul fianco della montagna, anche se, per fortuna, senza vittime.

Emergendo dai rottami, il pilota disse: "Oh, fantastico! E adesso dove ci troviamo?"

I cacciatori si guardarono intorno attentamente, consultarono una bussola, osservarono certi punti di riferimento confrontandoli con la loro mappa.

"Sì, sì, penso di sapere dove siamo", disse con sicurezza uno dei cacciatori al pilota, guardando la mappa, "dovremmo essere giusto due miglia a est del punto in cui siamo precipitati l'anno scorso!"

I bufali rappresentano gli attaccamenti, e l'aeroplano la realtà della vita. Proprio come i cacciatori della storia, continuiamo ad essere attaccati agli oggetti del mondo, ripetendo sempre gli stessi errori, e poi 'ci schiantiamo', quando scopriamo che la forza dell'attaccamento a un oggetto è sproporzionata alla sua capacità di darci felicità.

Sull'argomento dei bufali e dei desideri, un devoto negli Stati Uniti mi ha raccontato di un suo amico che ama mangiare 'ali di bufalo' (alette di pollo) e che quando gli si presenta la possibilità, ne mangia quante più possibili. Immancabilmente però, il giorno dopo, ha terribili coliche allo stomaco, fino al punto di rotolarsi sul pavimento in preda al dolore. Sebbene sappia che ciò accadrà, non riesce a smettere di continuare ad ingozzarsi di ali di bufalo. Soltanto gli esseri umani si comportano in maniera tanto illogica. Ascoltando questa storia, mi sono ricordato del comportamento di un particolare tipo di capra indiana che cerca da mangiare qua e là. Esiste una pianta dalle foglie molto appiccicose che, se mangiata, si attacca in gola all'animale col rischio di soffocarlo e addirittura ucciderlo. Quando una capra per sbaglio la mangia, da quel momento in poi, vedendo il suo stato, tutte le altre la eviteranno, non soltanto per quel giorno, ma per sempre.

Se la pace si potesse trovare negli oggetti esterni, le persone più ricche e di maggior successo non l'avrebbero forse già trovata da tempo? Nel Suo discorso al Parlamento delle Religioni del Mondo nel 2004, a Barcellona, Amma disse che la sola differenza tra le persone dei paesi ricchi e quelle dei paesi poveri sta nel fatto che i poveri piangono sui pavimenti di terra battuta delle loro capanne, mentre i ricchi piangono nelle stanze con aria condizionata delle loro sontuose dimore. Nessun numero di conquiste o possedimenti sembra dare ciò che veramente si desidera. Come disse il filosofo greco Platone: "Povertà non è assenza di beni, ma piuttosto sovrabbondanza di desiderio". Tutti cercano la pace e la felicità in cose e situazioni che non sono in grado di offrirle.

L'indulgere nei sensi può essere paragonato a una scalinata che porta verso il basso. Il primo gradino rappresenta l'attaccamento a una persona o a un oggetto; quello dopo è il desiderio di possederlo. Un ulteriore gradino è la collera che si sperimenta quando il desiderio è ostacolato; se si è sopraffatti dalla rabbia, si perde il discernimento e si può facilmente ruzzolare giù, nella confusione mentale e nella disperazione, per tutti i rimanenti gradini.

Tuttavia, non dobbiamo pensare che non ci sia speranza, perché c'è un'altra scala, davanti a noi, che porta in alto, lontano dall'attaccamento e dalla sofferenza e verso la Liberazione e la beatitudine eterna. Il primo gradino di questa scala è il contatto con un Vero Maestro come Amma. Più tempo si trascorre in compagnia di un Maestro, maggiore sarà l'attaccamento alla Sua presenza piena di beatitudine; legandosi di più al Maestro, automaticamente gli attaccamenti verso altre persone e cose del mondo si indeboliranno.

Alla presenza del Maestro, impariamo che possiamo sperimentare pace, appagamento e pienezza senza il supporto di alcun oggetto esteriore, e quindi la tendenza a inseguire le cose esterne si indebolisce. Questa relativa mancanza di desiderio rende la mente meno agitata e più calma, la pace gradatamente penetra in profondità, fino a che si raggiunge la cima della scala che porta alla Liberazione. In un mondo in cui quasi tutti si trovano in una spirale discendente, l'attaccamento al Maestro ci porterà in alto, gradino dopo gradino, verso la libertà da tutti gli attaccamenti e dalla sofferenza che li accompagna. ❖

Capitolo 8

Il gioiello della discriminazione

Una volta, un giornalista chiese ad Amma: "Secondo Amma, qual è la cosa più significativa che la gente comune deve tenere a mente nella vita quotidiana in questo mondo?"

Amma rispose: "La cosa più importante da ricordare è che, mentre si lavora nel mondo, di cercare di avere un intelletto discriminante, e non solamente un intelletto. Cercate di svolgere i vostri doveri nel mondo sapendo distinguere fra il Vero e il falso, il buono e il cattivo".

Quando Amma dice 'discriminazione', non intende 'discriminatorio', nel senso di discriminazione razziale, né 'discriminante', nel senso della raffinata sensibilità comparativa di un intenditore. Nel *Viveka Chudamani*, Shankaracharya definisce viveka, la discriminazione, il discernimento, come "la ferma convinzione che soltanto Brahman è eterno e che ogni altra cosa è impermanente: questa convinzione è la discriminazione tra l'Eterno ed l'effimero".

Inoltre, quando Amma dice 'Verità e falsità', non Si riferisce alla sincerità o alla insincerità di qualcuno. Con la parola Verità, Ella intende ciò che esiste immutabile nei tre periodi di tempo – passato, presente e futuro – e che è, è stato, e sempre sarà: esclusivamente il Sé, o Atman. Con la parola 'falso', Amma intende tutto ciò che è mutevole o deperibile, in breve, tutto quello che vediamo nel mondo intorno a noi. Quando Amma dice 'buono e cattivo', indica col primo termine ogni pensiero, parola o azione che ci porta più vicino al nostro obiettivo di realizzare l'unità con Dio, e col secondo, ogni pensiero, parola, o azione che ci allontana dalla nostra meta. È tale capacità di discriminazione che ci differenzia dai livelli più bassi di vita e il modo in cui la usiamo determina le benedizioni della nostra esistenza.

Quando leggiamo qualcosa a proposito delle persone più ricche del mondo, possiamo magari desiderare di essere tra le loro schiere, ma ci dimentichiamo che la qualità innata della discriminazione è più preziosa di tutto il denaro del mondo e che usandola insieme al senso del dharma, potremo diventare una sola cosa con l'Atman infinito.

Non impiegando il discernimento nel modo giusto, sprechiamo l'opportunità dataci con una nascita umana. La chiave della discriminazione è nelle nostre mani e nessuno ce la sta nascondendo: dipende interamente da noi aprire la porta del nostro potenziale. Questa decisione sta nel modo in cui affrontiamo ogni situazione della vita e nella maniera in cui usiamo il tempo concessoci. Amma afferma che potremo riavere perfino un milione di dollari, se lo perdiamo, ma che un solo secondo sprecato è perduto per sempre.

C'è una famosa storia *vedantica* che illustra come falliamo nell'usare nel modo giusto la discriminazione. Un uomo stava vagando per una foresta quando si imbatté in un gruppo di cuccioli di tigre; non appena lo vide, la loro madre lo caricò immediatamente. L'uomo scappò il più velocemente possibile e, nella fretta, cadde in una pozzo profondo; precipitando, però, riuscì ad afferrare una radice che cresceva sul lato del pozzo, arrestando così la propria caduta. Sfortunatamente, notò che un paio di topi stavano rosicchiando la radice, che era sul punto di staccarsi dalla parete. E, peggio ancora, i detriti che erano caduti dalla parete avevano disturbato un grosso, minaccioso pitone arrotolato sul fondo, che stava ora aspettando pazientemente che egli precipitasse nelle sue fauci aperte. L'uomo pensò che si sarebbe potuto arrampicare nuovamente verso la cima della buca, ma quando guardò in alto, vide la tigre furiosa che lo aspettava per divorarlo non appena fosse a tiro.

Mentre l'uomo continuava a osservare l'ambiente circostante, notò che nella sua caduta aveva frantumato, proprio sopra la sua testa, parte di un alveare dal quale cominciava a gocciolare del miele. Nel vederlo, dimenticò completamente tutti i pericoli che lo circondavano e sporse la lingua per cercare di raccogliere qualche goccia di quel miele.

Di fronte alla sua follia, possiamo scuotere la testa, ma la nostra situazione non è poi così diversa. Anziché impiegare ogni sforzo per salvarsi, l'uomo, circondato da pericoli da ogni lato, si smarrì nell'inseguimento del piacere effimero di un po' di miele. In modo simile anche noi siamo circondati da pericoli, come il dolore, la malattia, la vecchiaia e la morte, eppure non facciamo alcuno sforzo per trascendere i nostri limiti e liberarci dal ciclo di nascita e morte. Questo dimostra che non usiamo in modo appropriato la nostra discriminazione.

Amma afferma che, attualmente, la maggior parte di noi sta camminando in uno stato di dormiveglia e fa l'esempio dell'ubriaco che torna a casa dopo una lunga notte. Guardandosi allo specchio, vede che il suo viso è coperto di graffi e ferite e perciò, prima di andare a letto, lava e incerotta accuratamente ogni scalfittura... e al mattino, sua moglie trova lo specchio tutto ricoperto di cerotti!

Sebbene si sia fisicamente svegli, il livello di vigilanza o consapevolezza è generalmente molto basso. Quante volte si è veramente concentrati su quello che si sta facendo? Mentre facciamo colazione leggiamo anche il giornale, parliamo al telefono mentre laviamo i piatti, leggiamo una favola ai nostri figli e pensiamo ai problemi di lavoro, e mentre lavoriamo ci preoccupiamo di come vanno a scuola i figli. Inoltre, con l'avvento delle nuove tecnologie, la concentrazione è diventata ancora più frammentaria, tanto che le persone non esitano a ricevere una telefonata al cellulare anche durante la visita a un tempio.

Questo basso livello di consapevolezza è la ragione per cui ci si ritrova a ripetere sempre gli stessi errori, giorno dopo giorno. Ogni sera magari rimpiangiamo di aver perduto la calma e ci ripromettiamo di non farlo più, ma non appena pensiamo che qualcuno ci abbia tagliato la strada, perdiamo di nuovo le staffe. Se fossimo davvero attenti e consapevoli, ci ricorderemmo della risoluzione presa di essere pazienti e la rispetteremmo. Parimenti, vi sono molti diversi tipi di dieta cui la gran parte delle persone dice di aderire, ma le statistiche dimostrano che sono poche quelle che seguono la propria dieta seriamente, perché nel momento in cui gli occhi cadono su un cibo proibito, si dimenticano tutti gli obiettivi di un regime dietetico.

Amma sottolinea che tante persone sottoscrivono una polizza di assicurazione sulla vita per garantire una qualche sicurezza finanziaria ai loro cari, dimostrando così di sapere che la vita è impermanente, eppure tutti vivono come se la morte fosse una cosa molto lontana, qualcosa che capiterà soltanto agli altri. Nel grande poema epico *Mahabharata*, durante il loro esilio nella foresta, quattro dei cinque Pandava persero temporaneamente la vita dopo aver bevuto dell'acqua di un lago vigilato da uno *yaksha* che voleva mettere alla prova Yudhishthira. Per riavere indietro la vita dei fratelli, infatti, Yudhishthira dovette rispondere a una serie di indovinelli posti dallo yaksha. Ad un certo punto, lo yaksha chiese: "Qual è la più grande meraviglia del mondo?"

Yudhishthira rispose al quesito con soddisfazione del demone: "Giorno dopo giorno, un numero infinito di esseri viventi entra nel Tempio della Morte: pur assistendo a questo spettacolo, coloro che rimangono credono di essere eterni e immortali. C'è meraviglia più grande?"

Naturalmente, molti di noi non hanno mai visto morire nessuno, addirittura qualcuno non ha neppure mai visto un cadavere, ma sappiamo che ogni giorno in ogni parte del mondo la gente muore, e in tal senso la morte fa davvero parte della nostra vita.

C'è la storia di un giornalista che stava intervistando un uomo il giorno del suo 99esimo compleanno. Alla fine dell'intervista, il giornalista afferrò la mano del vecchio e disse calorosamente: "Spero vivamente di tornare qui l'anno prossimo per il suo 100esimo compleanno!"

Il vecchio rispose: "Non vedo perché no, lei sembra abbastanza in buona salute!"

Proprio come al vecchio della storia, raramente ci viene in mente, o addirittura mai, che anche noi moriremo un giorno, e quindi non abbiamo alcuna fretta di raggiungere la meta della vita.

Una volta, durante uno dei Suoi tour all'estero, Amma e un ristretto numero di persone si trovarono a viaggiare in un aereo che incontrò intense turbolenze. Quando improvvisamente l'aereo cominciò a ballare e perdere quota, tutti noi notammo divertiti che la maggior parte dei viaggiatori, prima assorbiti nel film proiettato a bordo, diventò all'improvviso molto pia, chiuse gli occhi e cominciò pregare con grande concentrazione e devozione. Quando però la turbolenza cessò, tutte quelle persone tornarono in sé, per così dire, e rivolsero nuovamente l'attenzione al film. Un passeggero chiese perfino alla hostess se il film poteva essere riportato indietro al punto in cui era stato interrotto.

Potremmo facilmente ridere di questi viaggiatori, ma non viviamo forse anche noi allo stesso modo? Troviamo un certo distacco dalle cose del mondo soltanto quando c'è qualche minaccia, o quando ci colpisce una calamità.

C'erano due amici d'infanzia che erano cresciuti insieme giocando a baseball. Per tutta la vita entrambi avevano militato in squadre dilettanti finché furono troppo vecchi per tenere una mazza in mano, pur continuando a seguire le squadre professioniste con religiosa dedizione. Furono anche vicini di stanza nella casa di riposo e, quando cominciarono a soccombere alla vecchiaia e alla malattia, convennero addirittura che, chiunque dei due fosse morto per primo, avrebbe cercato di tornare dall'altro a raccontare se il baseball esistesse anche in paradiso.

Una notte d'estate uno dei due uomini trapassò nel sonno, dopo che, quel pomeriggio, aveva visto la sua squadra del cuore riportare una vittoria imprevista. Alcune notti dopo, l'uomo che era ancora vivo fu svegliato dalla voce del suo vecchio amico proveniente dall'aldilà.

"Sei tu?", chiese all'aria dalla quale sembrava provenire la voce.

"Ovvio che sono io!", rispose la voce del defunto.

"Ma è incredibile!", esclamò felice l'uomo. "E allora dimmi, esiste il baseball in paradiso?"

"Bèh, ho una notizia buona e una cattiva," gli disse l'amico scomparso, "quale preferisci ascoltare per prima?"

"Dimmi la buona, prima".

"La buona è che sì, in paradiso esiste il baseball!"

"Fantastico! Ma quale può essere la cattiva notizia?"

"È in programma che domani sera lanci tu!"

La verità è che la morte arriverà, un giorno, e non sarà più possibile finire di vedere il film, e meno ancora riportarlo indietro: dovremo lasciarci tutto alle spalle e la sola cosa che ci accompagnerà sarà il risultato delle nostre azioni, buone e cattive. Consapevoli di questo, non dovremmo arrabbiarci con Dio, ma piuttosto stringerci a Lui ancora più saldamente.

Amma afferma spesso che è facile svegliare qualcuno che sta dormendo, ma che è difficile svegliare qualcuno che finge di essere addormentato. Il suggerimento è che tutti noi facciamo finta di dormire: uno sguardo a come viviamo ci rivelerà che è proprio così.

Ogni volta che si deve scegliere tra una cosa che porterà sicuramente un beneficio spirituale e un'altra che è confortevole e facile, il più delle volte si sceglierà la seconda. Anche gli psicologi affermano che, parlando in senso generale, i pazienti vogliono un sollievo, piuttosto che una soluzione ai loro problemi, perché per risolverli veramente dovrebbero cambiare il loro modo di agire e di reagire al mondo.

Alcuni sostengono che non ci sono cose buone o cattive nel mondo, dal momento che tutto è stato creato da Dio, e che ci si deve sentire liberi di fare tutto ciò che si vuole, ma se si analizza questa affermazione, si può facilmente vedere che non regge. Per esempio, molti animali possono sopravvivere soltanto come predatori di altri animali, oppure, in natura esistono droghe: vuol forse dire che è una cosa naturale assumere droghe e commettere delitti?

Allo stesso modo, Dio ha creato frutti commestibili e frutti velenosi, ma consumeremo le bacche velenose altrettanto voracemente delle fragole, dicendo che sono naturali? Eppure, quando si prende una decisione non nobile, spesso si giustifica quel comportamento dicendo: "È una cosa naturale".

Può anche essere vero, ma la spiritualità non consiste nell'agire in modo naturale, quanto piuttosto nel trascendere la propria natura inferiore, quella animale. È stato detto che non siamo esseri umani con esperienze spirituali, ma esseri spirituali che fanno l'esperienza di essere umani.

Nei primi tempi dell'ashram, Amma insisteva che tutti gli ashramiti si alzassero alle 4.00 del mattino, indipendentemente da quale ora fossero andati a letto, e perciò, generalmente le luci dell'ashram venivano spente verso le 23.00. Una sera, intorno alle dieci e mezza, Amma mi chiamò nella Sua stanza; quando arrivai, però, Lei stava parlando con una famiglia e dunque aspettai fuori, ma verso le undici la famiglia non se ne era ancora andata. Sebbene sapessi che la cosa da fare era obbedire alle istruzioni di Amma, sapevo anche che mi sarei dovuto svegliare alle 4.00 del mattino, per quanto tardi avessi fatto aspettando di incontrarLa, e perciò poco dopo le undici me ne andai a dormire nella mia capanna. Quando aprii gli occhi non erano le 4.00, ma le 7.00!

Più tardi seppi che verso mezzanotte Amma aveva chiesto se stavo ancora aspettando fuori, e quando Le dissero che me ne ero andato, non domandò più di me, dicendo: "Lasciatelo dormire". Ignorando quella che sapevo essere la cosa giusta da fare, persi sia l'opportunità di stare con Amma, sia le preghiere del mattino successivo.

Questa storia illustra un punto importante: quando si finge di essere addormentati, c'è il grande pericolo che ci si addormenti veramente. Se si indulge in qualcosa pur consapevoli fin dall'inizio che la vera felicità non si trova nell'oggetto, in breve si potrebbe esserne catturati, dimenticando Dio e lo scopo vero della vita.

Dobbiamo essere coraggiosi ed evitare di infilarci più profondamente nel sacco a pelo dell'ignoranza. Accettiamo invece la realtà che non potremo ottenere un vero appagamento dal mondo e che la spiritualità è l'unica soluzione. Svegliamoci e abbracciamo il dharma supremo, avanzando con discriminazione. ❊

Capitolo 9

Il segreto del successo

Amma afferma: "Tutti riceviamo un'educazione per guadagnarci da vivere, ma non un'educazione per vivere": la spiritualità, che costituisce il vero fondamento della vita, è quest'ultima. Infatti, se fin dalla giovane età si gettano le fondamenta della comprensione dei princìpi spirituali, non si inciamperà e cadrà di fronte alle successive prove della vita. Una delle pietre miliari della vita spirituale è l'autodisciplina. Nessuno vuol sentire parlare di disciplina, eppure, anche coloro che non la posseggono alla fine scoprono quanto sia importante. Perfino chi è impegnato a scalare le vette della fama, della notorietà, del potere e della ricchezza, alla fine crolla di fronte ai banali piaceri e alle tentazioni, procurandosi discredito e tormento. Forse è questo che ha spinto l'anziana attrice americana Katherine Hepburn a commentare: "Senza disciplina, non c'è vita alcuna".

L'autodisciplina è indispensabile se si vogliono compiere progressi in campo spirituale; non consiste in punizioni e neppure in uno stile di vita restrittivo, ma nell'abilità dell'individuo di aderire ad azioni, pensieri e comportamenti che si traducono in un miglioramento personale piuttosto che in gratificazioni momentanee. La mancanza di autodisciplina è la ragione principale di tutti i fallimenti di cui facciamo esperienza nella vita personale e spirituale.

Una volta, una donna si avvicinò a un uomo fragile e rag-grinzito dai radi capelli grigi, che oscillava su una sedia a dondolo sotto al suo portico.

"Mi scusi signore," disse la donna, "ma non ho potuto fare a meno di notare quanto lei sembri contento. Qual'è il suo segreto per una vita così lunga e felice?"

"Bèh, bambina mia", rispose l'uomo mostrando un largo sorriso sdentato, "io fumo tre pacchetti di sigarette al giorno, bevo una cassa di whisky la settimana, mangio cibi grassi, ascolto musica heavy-metal, e non faccio mai ginnastica".

"Incredibile!", disse lei, "Non ho mai sentito un tale segreto per la longevità. Quanti anni ha?"

"Ventisei!"

L'autodisciplina assomiglia al sistema operativo dei computer. Un computer senza sistema operativo è come una persona senza disciplina: entrambi hanno un enorme ammontare di potenzialità e potere, ma non riusciranno mai a funzionare correttamente. A differenza di un computer, noi siamo stati benedetti con il dono del libero arbitrio, ma senza autodisciplina siamo esposti ai virus della gratificazione momentanea, dei pretesti e delle cattive abitudini.

Il filosofo greco Aristotele disse: "Considero colui che supera i propri desideri, più coraggioso di chi conquista i suoi nemici, poiché la vittoria più ardua è su se stessi". Non è sempre facile comprendere il beneficio di mantenere una vita disciplinata, per-ché molto spesso sembra più gradevole, vantaggioso e conveniente fare altrimenti.

Nei primissimi tempi dell'ashram, una parte della nostra disciplina consisteva nello svegliarci alle quattro del mattino, fare un bagno e riunirci per la lettura dei Mille Nomi della Madre Divina. Mi ero da poco stabilito all'ashram quando, un giorno, svegliandomi alle quattro, pensai che faceva troppo freddo, poiché era piovuto per tutto il giorno precedente. Per lavarsi c'era soltanto dell'acqua fredda e così decisi di saltare il bagno e di andare direttamente all'archana del mattino, aspettando che l'aria si riscaldasse prima di lavarmi. La pioggia continuò per tutto il giorno e per molti altri ancora, e io continuai nella mia nuova pratica di partecipare all'archana senza prima aver fatto il bagno. Dopo alcuni giorni, quando uscii per andare al *kalari*[1] per l'archana, trovai un grande secchio di fumante acqua calda vicino alla porta della mia capanna. Ne fui sorpreso e non volli sprecare l'opportunità: la portai subito in bagno e feci le mie abluzioni. Più tardi domandai agli altri brahmachari chi di loro fosse stato il buon Samaritano che aveva riscaldato l'acqua per me, ma nessuno ne sapeva niente. Quando quel pomeriggio vidi Amma, Ella mi chiese casualmente: "Hai fatto un bagno piacevole stamattina?" Così non ebbi più dubbi su chi mi avesse portato l'acqua calda. Mi faceva soffrire il pensiero che Amma avesse fatto scaldare l'acqua su un fuoco fuligginoso affinché io trovassi la volontà di seguire la disciplina dell'ashram e lavarmi prima di cominciare il culto. Compresi che il Guru è disposto a tutto pur di correggere il discepolo e, da allora, il mattino non manco mai di fare il bagno senza curarmi di quanto freddo possa fare.

Naturalmente, non possiamo approfittare dell'umiltà e della pazienza di Amma per rendere la nostra vita più facile. Sono certo che Lei avrebbe rapidamente cambiato tattica, se avessi passivamente aspettato che mi portasse un secchio d'acqua calda ogni mattina. Effettivamente, alcuni anni dopo, quando i brahmachari all'ashram erano ormai numerosi, alcuni tra loro

---

[1] Nel Sanatana Dharma, *kalari* Indica qualunque luogo di adorazione privo dell'installazione di una divinità, ed era il nome dato al primo tempio dell'ashram. Non era molto più grande di un ripostiglio e, in origine, era stato la stalla delle mucche della famiglia di Amma. Ripensandoci ora, è sorprendente che Amma, i cui programmi ormai si svolgono spesso in anfiteatri e stadi, abbia potuto dare il darshan in uno spazio tanto piccolo.

avevano l'abitudine di dormire durante l'archana, nonostante
le ripetute esortazioni di Amma, finché Ella, alla fine, dovette
ricorrere a misure drastiche. Una mattina, Amma entrò nella
sala dove stavano dormendo e versò su di loro dell'acqua fredda.
Al riguardo, in seguito Amma disse: "Tutti voi siete venuti qui
con l'intenzione di realizzare Dio, perciò è diventato dovere di
Amma rendervi consapevoli dei vostri errori e aiutarvi a superarli.
Se siete pigri perfino nelle piccole cose, come potrete raggiungere
la Liberazione?"

Nel corso degli anni, il numero di persone che vengono ad
incontrare Amma ad Amritapuri (e in tutto il mondo) sta continuando a crescere, e così il Suo darshan termina sempre più tardi,
tanto che da circa due anni il darshan 'del mattino' si prolunga
spesso fino a dopo le 18.30, ora in cui Amma è solita partecipare
ai bhajan serali. Quando Amma rimane a dare il darshan fino
alle 19.00 o addirittura alle 20.00, non può certamente essere
presente ai bhajan. Gli swami, però, cantano lo stesso e ad esclu-
sione di chi è direttamente impegnato nel darshan, i brahmachari
e i residenti sono tenuti a partecipare; alcuni, però, non si presentano affatto, preferendo fare qualche altro lavoro o meditare
in solitudine, specialmente nei giorni in cui il darshan continua
durante i bhajan. Una sera, Amma terminò il darshan poco prima
delle sette; poiché era già tardi, molte persone avevano pensato
che non si sarebbe più recata nell'auditorium per i bhajan e se
ne erano andate. Quando Amma scese le scale a chiocciola della
sala del darshan, però, non si diresse a destra verso la Sua stanza
come tutti si aspettavano, ma a sinistra, andando direttamente
ai bhajan, senza concedersi neppure il tempo per cambiarsi o
lavarsi il volto. Molti brahmachari non erano andati in sala perché
non si aspettavano che Amma ci sarebbe stata, ma quando dagli
altoparlanti sentirono la Sua voce, arrivarono correndo scoprendo
che Ella si trovava là. La vista di Amma seduta sul palco, con i

capelli scarmigliati e il sari macchiato dalle lacrime e dal trucco delle migliaia di devoti abbracciati quel giorno, fu una visione che spezzò il cuore di tutti. Essi compresero velocemente la lezione che Amma stava cercando di impartire: se Lei riusciva a seguire la disciplina dell'ashram perfino dopo un darshan così impegnativo, chi avrebbe potuto astenersi dal fare altrettanto? Adesso tutti i brahmachari sono presenti ai bhajan, anche quando Amma deve dare il darshan fino a tarda sera, e comunque Amma fa di tutto per partecipare ai bhajan: ha cominciato addirittura ad arrivare un'ora prima per il darshan del mattino, e appena lo termina vi si reca direttamente.

Nella vita, il successo arriva quando non soccombiamo a ciò che vogliamo fare, ma ci muoviamo per intraprendere quello che deve essere fatto. La maggior parte di noi vuole fare solo quello che desidera, ma, per crescere spiritualmente, bisogna che impariamo ad amare quello che dobbiamo fare. Per arrivare a questo punto, possiamo cominciare con l'impegnarci a fare ciò che deve essere fatto, che ci piaccia o no. Disciplinandoci in questo modo, cominceremo spontaneamente ad amare quello che è richiesto in ogni situazione – non a fare ciò che ci piace, ma ad amare quello che siamo chiamati a fare.

Non si può vivere la vita di sole emozioni: per raggiungere qualunque risultato, deve essere aggiunta la disciplina. Proprio come una disciplina esteriore consente alle cose del mondo esterno di svolgersi in modo scorrevole, così la disciplina interiore aiuta a creare ordine nella mente, che può così essere diretta verso lo scopo supremo della Realizzazione del Sé. ❈

Capitolo 10

Azione, esperienza e anche oltre

Amma afferma che la vita quotidiana è costituita da due elementi fondamentali: azione ed esperienza, e che la conoscenza del giusto modo di agire e di accostarsi alle esperienze rende la vita relativamente tranquilla.

Agire nel giusto modo significa agire senza attaccamento al risultato. Nella *Bhagavad Gita*, il Signore Krishna dichiara: *"Yogah karmasu kausalam"*, che significa "l'abilità in azione è yoga". Con questo, Krishna non intende semplicemente la competenza nello svolgere un lavoro, perché in tal caso, ogni consumato commerciante sarebbe uno yogi. Con l'espressione "abilità in azione", Krishna intende una mente che rimane equanime qualunque sia il risultato delle azioni compiute. Certamente ciò non esclude che ci sia bisogno di talento o capacità. Per esempio, vi sono persone che non studiano a sufficienza per prepararsi a un esame e che non sono affatto contrariate se non lo superano: questo atteggiamento non si può chiamare yoga. Al contrario, è chiamato yoga l'azione in cui si pone il massimo sforzo senza tuttavia provare preoccupazione o ansia per il risultato. "Abilità in azione" è la capacità di svolgere il proprio lavoro senza lasciare che la mente si sposti dal momento presente e significa "compiere un'azione solo per amore dell'azione stessa".

Naturalmente, si spera sempre di essere promossi agli esami e non ci si presenterebbe a un colloquio di lavoro se non ci si aspettasse di essere assunti. Escludendo ogni aspettativa, si potrebbe perdere ogni motivazione a compiere perfino buone azioni, e dunque, anziché non aspettarsi nulla, ci si dovrebbe aspettare tutto, ovvero, l'essere assunti ma anche il contrario.

Si può pensare che sia più facile trattenersi completamente dall'agire, ma la verità è che, come esseri umani, siamo sempre in azione, dal momento della nascita fino a quello della morte. Un devoto di Amma si vantava continuamente della sua abitudine di dormire ogni notte dodici ore o più e lo considerava pure un servizio all'umanità perché, come mi confidò: "Almeno, durante questo tempo non faccio del male a nessuno". Ma la verità è che non è possibile evitare l'azione, perché fa parte dell'essere vivente. Perfino quando si dorme si compiono azioni involontarie a livello fisiologico: il cuore batte, i polmoni respirano e il sangue porta l'ossigeno e le sostanze nutritive in circolo per il corpo.

Nella *Bhagavad Gita* il Signore Krishna afferma:

**na hi kaścit kṣaṇam api jātu tiṣṭhaty akarmakṛt
kāryate hy avaśaḥ karma sarvaḥ prakṛtijair guṇaiḥ**

*Neppure per un momento è possibile restare inattivi,
poiché ciascuno è guidato senza potersi opporre dalle
qualità della propria innata natura.*

(III.5)

Oltre alle azioni fisiche e fisiologiche, vi sono anche azioni compiute a livello mentale: perfino pensare è una forma di azione. Sebbene ci si sforzi di sedere immobili, la mente continua a correre senza sosta nel passato e nel futuro. Fino a che si sarà identificati con il corpo, la mente e l'intelletto, si sarà legati alle leggi della natura e spinti all'azione, senza speranza. Una volta accettato questo, la cosa migliore è comprendere come agire nel modo giusto.

Per esempio, alcune persone acquistano un biglietto della lotteria ogni settimana e se non vincono non si arrabbiano ma continuano a tentare la fortuna. Non voglio dire che dovremmo comprare i biglietti della lotteria; questo è solo un esempio per dimostrare che non ci si deve scoraggiare o deprimere, anche quando gli sforzi per ottenere un particolare risultato non hanno successo, e che si deve continuare a provare finché ci sarà almeno una probabilità. E se dopo aver ripetutamente fatto del nostro meglio in modo sincero, il successo ancora non arrivasse, dovremmo accettare questo fatto sotto una luce positiva.

Siamo quindi arrivati all'altro elemento fondamentale di una vita serena: affrontare le proprie esperienze in modo che ciascuna di esse ci aiuti a crescere spiritualmente e non disturbi la nostra equanimità. Amma dice che vi sono numerose strade per fare questo.

Un devoto cercherà di vedere tutte le esperienze, buone o cattive, come provenienti da Dio o dal Guru e così facendo non mentirà a se stesso; infatti, anche se si tratta dei risultati del suo karma, è interamente da Dio che dipende il karma e dunque le esperienze provengono indirettamente da Lui. Anche coloro che non hanno fede in Dio o nelle leggi spirituali credono che alla fine, buone azioni porteranno buoni risultati e, cattive azioni, cattivi risultati. Tutti concordano che l'esito potrebbe non arrivare subito; la sola differenza tra questa comprensione comunemente condivisa e la prospettiva spirituale è la consapevolezza che, secondo la legge del karma, il risultato potrebbe anche non arrivare durante questa vita. Ecco perché si può notare che qualcuno soffre molto tutta la vita, anche se non sembra aver fatto nulla di sbagliato, e altri invece sembrano prosperare, pur compiendo solo azioni malvagie: ognuno sta sperimentando i risultati delle azioni compiute nelle vite passate, questa è la sola spiegazione. Più avanti, in questa vita o nella prossima, ogni persona dovrà sperimentare i frutti delle azioni che sta compiendo ora, buone o cattive che siano.

Un uomo è comodamente seduto a leggere il giornale quando sente bussare. Aprendo la porta, l'uomo si trova di fronte una lumaca che gli dice: "Buona sera, sto facendo una colletta per il Fondo Caritatevole pro-lumache. Vuole fare una donazione?" Come risposta, la lumaca viene scaraventata tra i cespugli con un calcio.

Due settimane dopo, l'uomo sente nuovamente bussare alla porta e si trova ancora davanti la lumaca che esclama: "Non è per niente carino, sa!"

Tutto quello che accade è il nostro prarabdha, ovvero il risultato delle azioni passate che dobbiamo affrontare in questa vita. Tutti conosciamo l'espressione "ambasciator non porta pena" che ebbe origine in tempo di guerra, quando una delle due parti inviava una persona disarmata per portare dei messaggi al nemico. Era sottointeso che il messaggero non sarebbe stato punito, anche se portava notizie sfavorevoli, perché stava solo svolgendo il suo dovere. Possiamo adottare lo stesso atteggiamento verso coloro che ci maltrattano, vedendo in chi ci critica o ci insulta nient'altro che il risultato delle nostre azioni passate. La legge dell'universo dice che non saremo mai colpiti dalla sfortuna se in questa vita o nelle precedenti non abbiamo fatto nulla per meritarla. Perciò, non c'è motivo di arrabbiarsi con qualcuno che ci offende, anzi, potremo perfino dimostrargli riconoscenza per l'aiuto che ci offre nell'esaurire il nostro rimanente prarabdha.

Nello stesso tempo, dobbiamo ricordare che in ogni esperienza dolorosa o spiacevole c'è sempre qualcosa da imparare. Anche se abbiamo ricevuto accuse ingiuste, per esempio, possiamo imparare dalle nostre reazioni: è possibile usare una situazione simile come un'opportunità per coltivares maggiore gentilezza, pazienza e amore.

Molti anni fa, durante il darshan, mi trovavo a una certa distanza da Amma, quando cominciai a parlare con un devoto, non so più per quale motivo, ma mi ricordo che Amma mi interruppe e mi chiamò vicino a Lei. Quando Le fui accanto mi disse: "Assomigli a un *ondu* (un tipo di lucertola diffusa in Kerala e nota per la sua particolare bruttezza)." Quelle parole mi presero alla sprovvista. "Dopo tutto", pensai, "molte persone mi hanno detto che ho un bell'aspetto. Perché Amma sta dicendo il contrario?"

Nei giorni seguenti, Amma mi chiamò numerose volte e sempre per dirmi la stessa cosa. Anche se ero arrabbiato, non reagii mai e accettai le Sue parole. La terza volta che me lo disse, mi balenò improvvisamente davanti agli occhi un episodio del mio passato. Molti anni prima, quando non avevo ancora incontrato Amma e frequentavo il college, avevo un amico dall'aspetto un po' insolito. Un giorno, di punto in bianco, gli dissi: "Ehi, assomigli a un ratto!" Lo dissi distrattamente, senza pensarci, ma il mio amico prese la cosa molto seriamente e per parecchi giorni non mi rivolse la parola; a volte, guardandolo, mi accorgevo che aveva pianto.

Alla fine mi avvicinò e disse: "Ramakrishna, quello che hai detto mi ha davvero ferito: non mi sono mai sentito tanto male in vita mia". Gli dissi che mi dispiaceva, ma le cose non furono mai più le stesse tra noi ed era chiaro che era profondamente addolorato per quello che gli avevo detto.

Si dice che uno dei modi più sicuri per bloccare il flusso della grazia di Dio verso di noi, sia far piangere una persona innocente. Ricordando quell'episodio, capii che Amma stava esaurendo il karma negativo che avevo contratto proferendo quelle parole tempo addietro e così fui in grado di accettare le espressioni di Amma senza neppure un accenno di negatività nel cuore.

Chi ha fede in Dio pensa sempre che sia Dio il dispensatore dei risultati delle sue azioni. Per un vero aspirante spirituale o un perfetto devoto non esistono cose come il dolore o il piacere, tutto è un dono di Dio, o una benedizione del Guru.

C'è una storia su un famoso rabbino di nome Zushia che visse circa duecento anni fa. Rabbi Zushia era largamente onorato perché conduceva una vita pia, semplice e devota. In una città vicina, c'era un collegio rabbinico dove gli studenti che stavano studiando il Talmud erano arrivati al passo che dice: "Dobbiamo ringraziare Dio sia per le cose buone sia per le cattive". Gli studenti erano confusi. Ringraziare Dio per le cose buone era una cosa comprensibile e ragionevole, ma ringraziarLo per quelle cattive? Quelle parole per loro non avevano alcun senso.

Essi portarono questa domanda al preside del collegio, che ponderò la questione accarezzandosi la lunga barba. "Questa è una domanda cui può rispondere soltanto Rabbi Zushia", disse. "Andate a casa sua e chiedeteglielo!"

Rabbi Zushia viveva in una zona solitaria, fuori dal paese, perciò gli studenti uscirono dai confini della città, si inoltrarono nella foresta e seguendo uno stretto sentiero presto arrivarono a una baracca semi diroccata che era la dimora del rabbino. Le finestre erano rotte, il tetto sembrava aver bisogno di essere riparato e i muri erano pieni di crepe; dopo averli salutati, Rabbi Zushia li fece entrare, e così essi videro in quale terribile povertà vivesse. Le sedie erano poche e barcollanti, gli altri mobili scadenti e malridotti.

Il rabbino si scusò di non avere del cibo da offrire loro, e chiese se un bicchiere di acqua calda potesse essere sufficiente.

Gli studenti spiegarono che erano venuti per porgli questa domanda: "Perché il Talmud afferma che si deve ringraziare Dio per le cose belle e anche per le brutte?"

"Perché siete venuti a fare questa domanda a me?", replicò Rabbi Zushia. "Nemmeno io riesco a capirlo: a me non è successo mai niente di brutto. È forse possibile che Dio faccia qualcosa di male?"

Un devoto ha sempre fede che Dio conosca esattamente quello di cui ha bisogno e che se ne occuperà, e anche le esperienze più amare sono accettate come utili al proprio bene nello stesso modo in cui si prende volentieri una medicina cattiva quando si sa che servirà a guarire una malattia.

Dal punto di vista del *Vedanta*, la più alta filosofia del Sanatana Dharma, vi è un ulteriore stato oltre l'azione e l'esperienza chiamato *sakshi bhava*, o stato della testimonianza. In questo stato non solo non ci si identifica con i risultati delle azioni, ma neppure con le azioni stesse; tutto ciò che facciamo è una risposta spontanea alle circostanze che si presentano. In una data situazione, faremo tutto il necessario, ma rimanendo testimoni delle nostre azioni ed esperienze, identificati soltanto con l'Atman, la Pura Consapevolezza che illumina tutta la vita.

Al momento attuale, non siamo ovviamente in grado di farlo. Quando abbiamo fame, mentre mangiamo o soffriamo, ci identifichiamo con il corpo; quando siamo arrabbiati o tristi, ci identifichiamo con la mente; quando prendiamo una decisione di qualunque genere, ci identifichiamo con l'intelletto.

La porta dello stato di testimonianza è proprio di fronte a noi, nascosta dalle attività della vita quotidiana che assorbono tanta della nostra energia e attenzione.

Se affamati, diciamo: "Ho fame". Se arrabbiati: "Sono arrabbiato". Se confusi: "Sono confuso". Questo significa che il corpo, la mente e l'intelletto sono tutti oggetti della nostra osservazione e che per ogni oggetto di osservazione ci deve essere un soggetto che è consapevole dell'oggetto. Questa consapevolezza, il soggetto eterno, è il nostro Atman, o Vero Sé, e l'identificazione con questo stato è il vero sakshi bhava.

Pensiamo che la consapevolezza in noi sia separata da quella del nostro vicino. Ma gli antichi saggi hanno guardato profondamente all'interno e hanno scoperto che questa consapevolezza soggettiva non appartiene a nessuno in particolare, ed è la stessa in tutti gli esseri.

Amma afferma che incontriamo questa grande verità perfino nella vita di tutti i giorni. Presentandoci, diciamo: "Io sono Carla", o "io sono Gianni". È possibile anche dire: "Io sono cristiano", o "io sono ebreo", "io sono un avvocato", "io sono un monaco", eccetera, e scorgere in tutte queste apparenti differenze un "io sono" comune. Questo 'io' non è diverso nelle varie persone, ma è lo stesso Sé presente come consapevolezza in tutti gli esseri. Amma dà l'esempio di un funerale. Quando la persona era viva, avremmo detto: " Ecco Pietro", ma quando la persona muore, non lo diciamo più, e affermiamo invece: "Ecco il corpo di Pietro". Questo significa che Pietro non è il corpo, ma qualcosa che si trova oltre il corpo. Ci esprimiamo nello stesso modo anche quando diciamo: "Ha un corpo molto forte", oppure "la sua mente è debole", o "lei ha un intelletto molto acuto" relativamente a persone ancora in vita. Eppure non ci fermiamo mai a pensare chi sia quel lui o quella lei ai quali ci riferiamo.

Riconosciamo che c'è sempre qualcosa oltre il corpo, la mente e l'intelletto, ma siamo incapaci di includerlo nella nostra esperienza diretta.

A questo proposito, Amma racconta la seguente storia. Una signora perde il figlio in un incidente d'auto e ne è comprensibilmente sconvolta. Una sua vicina la consola con riferimenti presi dalle Scritture e dagli insegnamenti dei Maestri Realizzati, dicendole: "Noi non siamo il corpo, siamo l'Atman che pervade tutto, che non è mai nato né mai morirà, perciò dove potrebbe andare tuo figlio?"

La madre afflitta trova molta forza nelle parole della vicina. Solo un mese dopo, purtroppo, il marito della vicina rimane ucciso in un incidente sul lavoro e allora, la donna che aveva perduto il figlio il mese precedente cerca di confortarla con la stessa saggezza spirituale che aveva ricevuto da lei. Ma ora, la vicina è inconsolabile. La donna dice: "Solo un mese fa hai detto a me tutte queste verità spirituali. Perché non le ascolti tu adesso?"

"Lì si trattava di *tuo* figlio," spiega la donna, "ma ora stiamo parlando di *mio* marito!"

È facile essere testimoni delle esperienze altrui, ma è un'altra storia quando si tratta delle proprie.

Una volta, un pandit, un erudito, stava tenendo una lezione sul Vedanta in un ashram nel mezzo di una foresta. Il pandit stava ripetendo senza sosta agli studenti: "Soltanto l'Atman, il Sé, è eterno, tutto il resto è *maya*. Non cadete mai nella trappola di maya!", quando, all'improvviso, un enorme elefante con zanne lunghe e affilate arrivò selvaggiamente dalla foresta, caricando l'ashram. Il pandit, seduto su una piattaforma di fronte alla bosco, fu il primo a vedere l'elefante che si avvicinava e fu anche il primo a scappare. Vedendolo correre, tutti gli studenti si alzarono e gli corsero dietro. Dopo essersi messi in salvo, uno dei discepoli disse: "Panditji, non sapevo che corresse tanto veloce! A proposito, stava dicendo che tutto è maya; ma se tutto è maya, allora perché si è messo a correre quando ha visto l'elefante?"

Ritrovata la sua compostezza, il pandit rispose con disinvoltura: "È vero che l'elefante è maya, ma anche la mia fuga lo è!" Il pandit sapeva insegnare con l'intelletto, ma, pressato dalle circostanze, mancava della forza mentale necessaria per vivere l'insegnamento.

Su questa falsariga, ho letto una storia vera sulla lavorazione di un recente film sulle ultime ore della vita di Gesù. Durante le riprese del film, l'attore che impersonava Gesù stava fingendo di ricevere delle frustate da controfigure che impugnavano delle fruste di vero cuoio, sopportando la tortura con una pazienza e una calma veramente ultraterrene. Per sbaglio, una controfigura colpì davvero l'attore con la frusta: come chiunque altro in una situazione simile, l'attore urlò di dolore e insultò furioso la controfigura.

È facile simulare di essere pazienti e tolleranti; messi alla prova dalle circostanze, però, solitamente si scivola – o si precipita a testa in giù! – nelle inclinazioni negative della rabbia e dell'impazienza.

Chiunque può citare le Scritture e affermare: "Io sono la Coscienza Suprema", ma quanti tra noi sanno mettere in pratica e manifestare le qualità divine in tutte le circostanze della vita?

Una persona con una mente completamente pura è in grado di realizzare la sua vera natura soltanto ascoltando le parole del Maestro, ma per la grande maggioranza di noi, purtroppo, non è sufficiente che Egli ci dica: "Tu sei l'Essere Supremo", perché la nostra reale natura è velata da strati di ignoranza composta dai nostri desideri, dagli attaccamenti e dalla forte identificazione con il nostro ego limitato. Amma racconta la seguente storia.

Una volta, un Guru mandò due discepoli al mercato per acquistare le provviste per l'ashram; quando ritornarono si vedeva benissimo che uno dei due era stato malmenato, e l'altro aveva una faccia paonazza e arrabbiata.

Il Guru chiese ai due discepoli che cosa fosse accaduto.

Il primo discepolo disse: "Mi ha fatto nero di botte!"

Il secondo discepolo aggiunse: "Perché lui mi ha chiamato scimpanzè!"

Il Guru rimproverò il secondo discepolo, dicendo: "Sebbene io ti abbia detto centinaia di volte e per molti anni 'Tu non sei il corpo, la mente o l'intelletto, tu sei la Coscienza Suprema', non mi hai mai creduto. E adesso che tuo fratello ti ha chiamato 'scimpanzè' una sola volta, gli hai creduto subito!"

Anche se il discepolo aveva ascoltato le parole del Guru e le affermazioni delle Scritture, queste non erano scese nel profondo del suo cuore.

Amma ha dimostrato molte volte come una mente assolutamente pura risponda spontaneamente a riferimenti al divino e faccia l'esperienza immediata della divinità. A sedici anni Amma capitò nella casa di un vicino mentre era in corso la lettura dello *Srimad Bhagavatam*. Quando il lettore cominciò a recitare la storia della vita del Signore Krishna, Ella si identificò spontaneamente e completamente col Signore, tanto che tutti i presenti furono attratti in modo irresistibile dal Suo bellissimo sorriso e dall'atteggiamento incantevole. Quello fu l'inizio del darshan di Amma in Krishna Bhava.

Nel grande poema epico indiano *Ramayana*, Hanuman deve recarsi velocemente a Lanka per portare un messaggio a Sita, l'amata del suo Signore Rama, che è stata rapita dal re demone Ravana. In verità, Hanuman è un dio e possiede enormi poteri, ma poiché nella sua infanzia aveva infastidito i *Rishi* con varie burle e scherzi, essi lo avevano maledetto affinché dimenticasse i propri poteri. In seguito lo benedirono dicendogli che, se qualcuno glieli avesse ricordati, avrebbe potuto recuperarli e usarli. Dunque, mentre Hanuman era seduto sulla spiaggia e guardava senza speranza in direzione di Lanka, fu circondato dall'esercito del Signore Rama composto da scimmie, che sapevano che soltanto Hanuman avrebbe potuto raggiungere Lanka con un singolo balzo. Non appena cominciarono a cantare i suoi elogi, ricordandogli i suoi poteri nascosti, Hanuman rammentò immediatamente la propria natura divina e raggiunse Lanka con un unico gigantesco salto.

Proprio come Hanuman, anche noi abbiamo dimenticato la nostra natura divina. Le molte dichiarazioni scritturali del tipo, "Tu sei Quello", celebrano le lodi del nostro Vero Sé con lo scopo di ricordarci chi realmente siamo.

Le Scritture dicono che è necessario seguire un processo in tre stadi per stabilirsi nell'esperienza di unità col Supremo: ascolto, riflessione e contemplazione. Il primo passo è detto *sravanam* ovvero l'ascolto, o la lettura, degli insegnamenti delle Scritture e dei Grandi Maestri. Le Scritture e i Maestri ci dicono che non siamo il corpo, la mente o l'intelletto, ma l'Atman che li anima tutti e tre.

Tuttavia, poiché la mente non è pura, quando gli insegnamenti del Maestro sono in contraddizione con l'esperienza quotidiana, sorgono dei dubbi. Il Maestro afferma: "Voi siete infinita Esistenza, Coscienza e Beatitudine", eppure l'esperienza ribadisce che siamo limitati, infelici e soggetti a distruzione. Perciò il passo seguente è *mananam*, che vuol dire riflessione profonda sugli insegnamenti del Maestro. Quando Egli dice all'onda dell'oceano: "Tu sei senza limiti", l'onda deve, per prima cosa, capire che resterà limitata sino a che si identificherà con un'onda, e che diventerà illimitata solo realizzando la sua vera natura di oceano sconfinato.

Una volta il Signore Rama chiese a Hanuman: "Chi sei tu?"

La risposta di Hanuman illustra in un bel modo le diverse prospettive con le quali si può avvicinare il Supremo. "O Signore, quando penso che sono questo corpo, io sono il Tuo servitore; quando penso a me stesso come un *jiva*, o anima individuale, io sono parte di Te; e quando penso a me stesso come Atman, io sono Te. Questa è la mia convinzione". Hanuman sapeva che il suo rapporto con il Signore dipendeva dall'ampiezza del proprio modo di considerare se stesso.

Attraverso la riflessione si arriva a capire che non si è il corpo, la mente e l'intelletto limitati, ma l'infinita Coscienza; quando si sarà convinti intellettualmente, senza ombra di dubbio, che questa è la Verità, sarà possibile assimilare questo insegnamento così profondamente da trascendere la propria errata identificazione con il corpo, la mente e l'intelletto e riuscire a identificarsi con la Coscienza. Questo processo è chiamato *nidhidhyasanam* o contemplazione.

Nella contemplazione, il discepolo assume l'abitudine di pensare di continuo, in ogni azione compiuta e in ogni esperienza fatta: "Io non sono il corpo o la mente – sono la pura Coscienza senza inizio e senza fine". La risposta a ogni situazione sarà guidata da quella Verità e il discepolo diventerà così puro da realizzarla, seguendo sinceramente le istruzioni del Maestro e ricordandosi costantemente dei Suoi insegnamenti. Il Maestro Realizzato è come una scatola di cerini, mentre il discepolo perfettamente maturo è come un cerino cui basta una piccola frizione con la scatola per prendere fuoco. Tuttavia, soltanto la grazia e la guida di un Maestro potranno portare un discepolo a questo stadio di maturità.

Non si può forzare il sonno; pur distesi in un letto confortevole, in una stanza buia e tranquilla e sufficientemente al caldo, non si ha altra scelta che aspettare pazientemente di addormentarsi. Proprio come il bisogno di dormire scaccia ogni altro pensiero dalla mente e trascina una persona a letto, così, la costante contemplazione della verità vedantica della non-dualità allontanerà ogni altro pensiero dalla mente del discepolo. Sarà solo la grazia del Guru, però, a innalzare il discepolo a quell'alto stato.

Il sentiero vedantico che porta a realizzare la Verità attraverso lo studio diretto e la riflessione della Verità, senza nome né forma, è molto difficile e, infatti, non è indicato per la maggior parte delle persone. Perfino Adi Shankaracharya, che ristabilì la supremazia della filosofia non dualistica dell'Advaita Vedanta, compose numerosi inni di elogio alla Madre Divina perché sapeva che il sentiero dell'Advaita è davvero difficile da seguire per la maggiore parte delle persone. Buddha sostenne un sentiero sostanzialmente non dualistico e istruì i suoi seguaci di non adorare lui o qualunque altra forma. Ma ancora oggi, la statua religiosa più diffusa al mondo è quella di Buddha, dimostrando che per la grande maggioranza delle persone è difficile o impossibile adorare un Dio senza forma.

Nella Bhagavad Gita il Signore Krishna afferma;

**kleṣo'dhikataras teṣām avyaktāsakta cetasām
avyaktā hi gatir duḥkhaṁ dehavadbhir avāpyate**

*Maggiore è la difficoltà per coloro
la cui mente è fissa sul Non-manifesto,
poiché realizzarLo è molto difficile per chi è incarnato.*

(XII.5)

Per la maggior parte di noi sarà sufficiente ricordare di agire e comportarci nel modo giusto, ovvero con la comprensione che siamo soltanto uno strumento nelle mani di Dio, o ricordando che abbiamo il diritto di agire, ma non quello di determinare i risultati delle azioni. Potremo così raggiungere un'equanimità nei confronti delle nostre esperienze che si avvicina molto allo stato di testimonianza. Anche sul sentiero della devozione, si arriva ad un punto in cui non si è toccati dal bene o dal male, successo o fallimento, felicità o dolore; abbandonandosi alla volontà di Dio, o del Guru, e impegnandosi a fare del proprio meglio per raggiungere le proprie mete, si riesce ad accettare con una mente tranquilla e un cuore pieno di pace anche l'insuccesso o la sfortuna. E quando gli sforzi fatti incontrano buoni risultati, li si accetta come grazia del Maestro.

Quando visitiamo un tempio ne adoriamo la divinità, e quando il sacerdote offre del prasad lo riceviamo come un dono prezioso del Signore, sia che si tratti di payasam, di frutta o di noccioline. Sul sentiero della devozione, questa dinamica è estesa a tutti gli aspetti della vita e ogni azione è vista come un'adorazione del proprio Guru. I risultati delle azioni e tutte le altre esperienze che si presentano vengono considerati come prasad del Guru. Non ci sarà esaltazione in caso di successo, né depressione in caso di fallimento, ma ci si sentirà sempre appagati. Questo senso di equanimità deriva dal fare del proprio meglio per abbandonarsi a Dio o al Guru. Attraverso l'abbandono, ci distanziamo dall'ego, dalla sensazione di 'io' e 'mio', e consideriamo ogni cosa soltanto come Dio, o Guru.

In un sentiero si vede tutto come Dio, e nell'altro si considera tutto come il proprio Sé. Amma dichiara che adorare Dio con una forma ci porterà ad uno stadio in cui sarà molto facile realizzare il Sé Supremo. Dio Stesso condurrà alla Realizzazione dello stato non-duale il devoto che ha raggiunto la devozione suprema. ❖

Capitolo 11

Mettere i buoi davanti al carro - Comprendere l'importanza dell'adorazione

Ai nostri giorni, molti mettono in dubbio la validità dell'adorazione di una divinità o di un Maestro vivente. A volte, qualcuno chiede ad Amma: "Poiché in ultima analisi la forma è un'illusione, il Vedanta non è forse contrario all'adorazione di una forma particolare?", oppure: "Perché si deve meditare su una divinità con caratteristiche come Ganesha, Shiva o Kali, visto che la Verità Suprema è senza nome e senza forma? Perché si deve meditare su un Guru?"

Chiunque prenda un testo avanzato, per esempio una dalle *Upanishad*, potrà formulare una domanda apparentemente intelligente come questa, perché quegli scritti elogiano la contemplazione di Brahman senza forma come la più alta espressione della pratica spirituale. Chi possiede una particolare inclinazione intellettuale può sentirsi ispirato da quei testi e magari adottare come prima pratica spirituale la contemplazione su Brahman, ma senza una guida appropriata raramente raggiungerà un reale progresso spirituale.

Naturalmente, lo studio delle Scritture è essenziale per ogni aspirante spirituale, ma nell'avvicinarsi alle Scritture, è importante prestare attenzione da dove si comincia. Oggi sono facilmente disponibili molte Scritture, tradotte e pubblicate in tante lingue e disponibili perfino su Internet. Tuttavia, molte traduzioni in lingua inglese non possiedono la comprensione del significato più profondo di quello che è realmente espresso nelle Scritture. Per esempio, la parola sanscrita *pashu* può essere tradotta come 'mucca' ma anche come 'ego'. Dunque, una delle traduzioni più popolari afferma che le Scritture appoggiano il sacrificio delle mucche, mentre una traduzione più corretta dello stesso verso dice che le Scritture invitano a trascendere l'ego limitato e sperimentare l'unità con il Sé Universale, l'Atman.

Una volta, i *deva*, gli *asura* e gli esseri umani stavano tutti praticando *tapas*, quando, all'improvviso, udirono vibrare nell'aria il suono 'da'. Tutti lo considerarono un messaggio di Dio, eppure ciascuno di loro lo interpretò in maniera differente. Gli esseri umani pensarono che 'da' significasse *danam*, carità, ritenendo che Dio stesse dicendo loro di essere più generosi. Gli asura, nello stesso tempo, pensarono che volesse dire *daya*, compassione, e i deva che indicasse loro di esercitare maggiore *damam*, o controllo sui sensi. Non è sorprendente: il difetto più grande degli esseri umani era l'egoismo, quello degli asura, la crudeltà e la durezza di cuore, e quello dei deva, l'indulgenza nei piaceri dei reami celesti, perciò ciascuno immaginò che Dio suggerisse loro di coltivare una virtù che bilanciasse le loro debolezze.

Nello stesso modo, le Scritture verranno interpretate secondo il livello di comprensione del lettore.

Le Scritture sono state messe per iscritto abbastanza recentemente; nei tempi antichi, infatti, erano trasmesse oralmente nei *gurukula*. Il Guru era solito recitarle agli studenti, che erano poi in grado di ricordarle perfettamente e di trasmetterle ai loro discepoli, sempre a memoria. Ecco perché le Scritture hanno anche un altro nome in sanscrito, *shruti*, ovvero "ciò che è stato assimilato attraverso l'udito", e poiché gli studenti potevano ascoltarle direttamente dalle labbra del Guru, non c'era spazio per interpretazioni errate. Ora invece sono state tutte pubblicate e chiunque può leggerle e confondersi; infatti, si è già confusi, e la lettura di Scritture avanzate può solo aumentare questo disorientamento. Inoltre, la lettura di queste Scritture senza la guida di un Maestro Realizzato potrà perfino dileguare quel po' di chiarezza che si possiede.

È buona cosa cominciare con la *Bhagavad Gita*, anche se Amma raccomanda sempre, prima di iniziare la lettura di questo famoso testo, di sviluppare qualità come l'innocenza, la devozione e l'abbandono a Dio. Per questo, dobbiamo leggere i libri dei grandi devoti di Dio, devoti del Signore che disponevano in abbondanza di queste qualità. È davvero importante che si sviluppino tali virtù prima di cominciare lo studio delle Scritture, poiché esse affermano che siamo il Sé Supremo e che ogni altra cosa è un'illusione. Se si intraprende lo studio senza prima coltivare le caratteristiche necessarie, si comincerà a pensare: "Perché dovrei svolgere le pratiche spirituali, perché andare da un Maestro? Io sono la Verità e perciò posso fare quello che voglio".

Per illustrare la fallacia di questo atteggiamento, Amma fa l'esempio del seme e dell'albero. A coloro che gli passano vicino, un grande albero fiorito è in grado di offrire ombra, frutti e fiori, ma può il seme vantarsi di sapere dare questi doni al mondo? Anche se l'albero è contenuto nel seme, quest'ultimo deve prima andare sotto terra, aprirsi, mettere radici, diventare una piantina, lentamente crescere e diventare un albero. Allo stesso modo, come può una persona qualunque andare in giro affermando: "Io sono Brahman", prima di averne fatta l'esperienza?

Non ci si può stabilire nell'esperienza della Verità soltanto leggendo dei testi avanzati, ma, allo stesso tempo, è solo attraverso la conoscenza che si può raggiungere la Realizzazione del Sé. Tutta la meditazione, il seva e le altre pratiche spirituali che facciamo servono solo a purificare la mente, non possono portarci direttamente alla Liberazione, perché il Sé non è qualcosa che si crea ex novo, il Sé è già qui, è onnipervadente ed è sempre esistito. In verità con la Liberazione non si guadagna qualcosa, ma si ha la comprensione di quello che c'è già: ecco perché si chiama Realizzazione. Per esempio, se perdiamo gli occhiali, li cerchiamo dappertutto. Ma che cosa succede se qualcuno invece ci dice che li abbiamo addosso? Abbiamo guadagnato qualcosa di perduto? Gli occhiali sono sempre stati sul nostro naso, e noi ne prendiamo semplicemente atto.

Ecco perché si dice che non si può realizzare il Sé attraverso qualcosa di speciale come ripetere un determinato numero di mantra o meditare per un certo tempo, ma solo dopo aver rimosso le impurità interiori, le vasana e gli altri disturbi della mente, grazie a pratiche spirituali costanti e alla grazia del Guru. Proprio come il sole nascosto dalle nuvole si rivela quando le nubi sono spinte altrove, così, naturalmente e senza sforzo, albeggerà la vera *jnana*. La Realizzazione del Sé è la consapevolezza di "io sono Brahman" con lo stesso grado di incrollabile certezza che possediamo ora nel ritenere, "io sono un essere umano".

Quando venni all'ashram, più di 27 anni fa, il primo libro che Amma diede da leggere a me e agli altri brahmachari fu un libro sulla vita e sugli insegnamenti di Sri Ramakrishna Paramahamsa. I testi sui Grandi Maestri che possedevano forte devozione, umiltà e innocenza aiutano a purificare il cuore. Non restiamo impressionati da una persona egoista e orgogliosa, ma se incontriamo qualcuno che è veramente umile e innocente, il suo modo di essere ci colpisce. Amma afferma che la chiave del progresso spirituale è un cuore innocente e semplice: "Chi sta veramente cercando la Verità sarà umile e semplice. La grazia del Guru fluirà solo verso una persona simile; se si vuole davvero vivere spiritualmente e raggiungere delle genuine esperienze spirituali, bisogna sviluppare le qualità dell'amore, dell'umiltà e dell'innocenza".

Leggendo le Scritture, è possibile incontrare la descrizione di diverse pratiche spirituali, ma non tutte sono adatte a tutti e, senza la guida di un Vero Maestro, è molto difficile sapere in quale modo praticare. Amma fa l'esempio di un tonico molto potente per il benessere, l'energia e la vitalità. Il tonico ci farà bene, ma danneggerà la salute se bevuto in grande quantità nel desiderio di ricavarne maggior beneficio; sarà invece di grande giovamento se assunto nella dose prescritta.

Nel 1987, durante il primo tour mondiale di Amma, uno dei brahmachari lesse gli ingredienti di una bottiglia di succo di prugna e scoprì che era molto ricco di vitamina C. Poiché un medico gli aveva appena consigliato di prendere più vitamina C, decise di bere l'intera bottiglia. Noi non eravamo mai stati all'estero a quei tempi, e non conoscevamo i succhi di frutta in bottiglia: il brahmachari era così soddisfatto della sua decisione che raccontò a tutti quanta vitamina C avesse preso. Nel giro di poche ore, però, e per i successivi tre giorni fu colpito da una terribile diarrea e non poté nemmeno partecipare ai programmi di Amma.

Se qualcuno con una corretta conoscenza del succo di prugna l'avesse avvertito di non berne troppo, egli ne avrebbe presa la giusta quantità ricavandone beneficio. In modo simile, non appena si arriva alla spiritualità, molti sono attratti dai versi mistici e dalle promesse di eterna beatitudine contenute nelle Scritture e nei libri di argomenti spirituali, ma il problema sopraggiunge quando si cerca di mettere in pratica concretamente i princìpi spirituali. Il consiglio di un Maestro è necessario per discernere quali pratiche saranno utili e per quanto tempo al giorno praticarle.

Il dodicesimo capitolo della *Bhagavad Gita* descrive il sentiero della devozione come una progressione da *saguna* (con forma) a *nirguna* (senza forma). La comprensione elementare del sentiero è essenziale, naturalmente, ma sarà possibile metterla in pratica soltanto sotto la guida di un Satguru vivente. Il Vero Maestro è il culmine di tutti gli insegnamenti che si incontrano nelle Scritture; infatti non solo li incarna, ma offre anche il contatto personale di cui si ha bisogno per perseverare sul cammino. Anche se tra milioni di persone ci può essere qualcuno che realizza la Verità senza l'aiuto di un maestro, come il Buddha o Ramana Maharshi[1], per tutti gli altri trascendere la mente e raggiungere l'infinito sarà possibile solo con la guida di un'Anima Realizzata che ha già conseguito quello stato.

Non ci vuole molto sforzo per ricordare come eravamo prima di incontrare Amma. Forse avevamo letto qualche libro di argomento spirituale e magari avevamo cercato di meditare, ma tutti i nostri tentativi erano molto mediocri paragonati a ciò che siamo in grado di fare in presenza di Amma. Se non avessimo conosciuto Lei, probabilmente ci troveremo ancora nella stessa condizione. Finché non incontriamo il Guru, tutti gli insegnamenti in cui ci imbattiamo rimangono concetti astratti che non siamo in grado di assorbire completamente e di mettere in pratica. Senza Guru, anche se abbiamo svolto per un po' delle pratiche spirituali, se nella vita si presentano delle circostanze difficili, tutto cade a pezzi e noi ci troviamo ancora una volta al punto di partenza.

Hanno un Guru perfino coloro che adorano il senza-forma. Nisargadatta Maharaj ebbe un Guru che lo istruì sul sentiero e riuscì così a raggiungere la meta in breve tempo, proprio grazie alla intensa fede negli insegnamenti del suo Guru. Nonostante

---

[1] Sri Ramana Maharshi, il saggio di Arunachala, realizzò il Sé a 18 anni, dopo essersi steso sul pavimento a immaginare come avrebbe potuto essere il momento della morte. Ci sono anche altri casi di persone che hanno raggiunto la Liberazione senza la guida di un Guru, ma sono molto rari. Esse sicuramente avevano avuto un Guru nella vita precedente, e quando morirono erano sul punto di realizzare il Sé: per raggiungere la meta ebbero bisogno solo di una spintarella, o di esaurire una piccola quantità di prarabdha rimasta.

fosse stabilito nello stato non-duale, rese costantemente omaggio alla foto del suo Guru fino all'ultimo respiro. Amma dice: "Un vero discepolo può affermare 'Io sono una cosa sola con Dio', ma non dichiarerà mai 'Io sono una cosa sola con il Guru', nemmeno dopo aver realizzato la sua unità con l'intero universo. Egli sa che è stata solo la grazia del Guru a permettergli di raggiungere lo stato della Realizzazione; verso il Guru, perciò, nutrirà sempre un sentimento di massima venerazione e devozione".

Per la maggioranza di noi, ovviamente, il sentiero spirituale sarà un processo lungo che richiederà molta pazienza e duro lavoro, sia che veneriamo una forma di Dio, sia che contempliamo Brahman senza forma. Non saremo capaci di mantenere la quantità di sforzo necessaria senza la costante ispirazione e la guida che ci fornisce la forma del Guru. Amma ci offre l'ispirazione e la guida, e sempre al momento opportuno. Nei momenti in cui ci sentiamo scoraggiati e sul punto di abbandonare ogni speranza, un solo abbraccio o uno sguardo di Amma sono sufficienti a cambiare completamente il nostro stato d'animo e a consentirci di andare avanti per mesi.

Una delle ragioni per cui molte persone oggi mostrano una preferenza per la meditazione sull'Assoluto senza forma è che sembra essere una scorciatoia: visto che si dice che la Verità trascende nomi e forme, cominciare immediatamente con una meditazione sul senza-forma appare un sistema più veloce e più pratico, evitano tutto il processo di adorazione di una forma per raggiungere la purezza mentale. Senza la giusta guida tuttavia, in questo tipo di pratica spirituale è facile cadere preda della mente, assecondando soltanto le proprie preferenze e avversioni. Ai giorni nostri, la maggior parte di noi non ama essere controllata o che gli si dica che cosa fare: forse pensiamo di avere già troppi capi nella vita. Durante la crescita abbiamo come capi i genitori e gli insegnanti, dopo il matrimonio il nostro capo diventa il coniuge, c'è un capo al lavoro, e così via. Dio o il Guru, dunque, sono percepiti soltanto come un capo in più: il capo spirituale. Possiamo dire: "Voglio pace nella mente, ma non tremare in chiesa o nel tempio davanti a qualche figura autorevole che incute timore. La contemplazione sul senza-forma è la cosa migliore per me".

Questo tipo di atteggiamento, però, nasce da un'incomprensione su ciò che è Dio o il Guru. La prospettiva cambia completamente quando si ha un Guru vivente: sappiamo per esperienza che non percepiamo Amma semplicemente come una temibile figura autoritaria, perché, anche se il ruolo disciplinatore è parte della Sua esistenza, Ella interpreta nella nostra vita anche altri ruoli fondamentali: la madre, il padre, l'amata, la sorella, il fratello, perfino il figlio e la figlia. Il discepolo sa che qualunque cosa il Guru dica è per il suo bene, e più il discepolo ubbidisce al Guru, più il Guru riverserà la Sua grazia sotto forma di ulteriori istruzioni e guida.

Ci sono numerosi svantaggi nel meditare su ciò che non ha attributi. In primo luogo, non si può pensare a qualità o prerogative senza collegarle a una forma; è possibile, infatti, comprendere appieno le virtù descritte nelle Scritture solo quando le osserviamo attraverso lo strumento fisico che Amma fornisce. Provate solo a immaginare la dolcezza del sorriso di Amma senza le Sue labbra e i denti, oppure il Suo sguardo pieno di compassione senza i Suoi occhi. La stessa cosa succede quando cerchiamo di contemplare un Dio immutabile, senza forma e senza caratteristiche. Abbiamo bisogno di un oggetto che possieda le qualità che stiamo cercando di sviluppare, perché la nostra mente non è abbastanza sottile per una corretta contemplazione.

Amma dice: "Se al ristorante fosse servita una sola pietanza o se nel negozio di scarpe si vendessero calzature di un unico numero, quante persone ne trarrebbero vantaggio? Per soddisfare i gusti di una gran varietà di persone è necessario offrire piatti diversi o un grande assortimento di scarpe. I Rishi sapevano che gli esseri umani possiedono molte inclinazioni differenti, e con questo in mente offrirono perciò come oggetto di adorazione varie divinità, che differivano in qualità e aspetto. Scegliere una divinità su cui concentrare l'attenzione è una cosa positiva, anche se bisogna farlo con la comprensione che ogni divinità è una diversa manifestazione dello stesso principio divino, proprio come la medesima elettricità fornisce energia al frigorifero, all'impianto di aria condizionata, alla stufa e alla lampadina".

C'è la storia di un brahmachari che quando arrivò all'ashram di Amma meditava sull'Assoluto senza-forma. Improvvisamente, un giorno, Amma tolse dal muro un'immagine della dea Kali e gliela diede, dicendogli di meditare su di Lei anziché svolgere la pratica cui era abituato. Amma sapeva che egli aveva l'abitudine di meditare su Kali, e che aveva cominciato la meditazione sul senza-forma dietro semplice consiglio di uno studioso. Amma disse: "Non sei abbastanza maturo per meditare sul senza-forma, perciò medita su questa forma della Madre. Senza amore non si arriva da nessuna parte. La tua mente si è molto indurita: spruzzaci l'acqua dell'amore e ammorbidiscila". Nell'immagine che Amma gli porse, Kali era esattamente nella stessa posa su cui egli amava meditare. Egli riuscì ad evitare il grande ostacolo che si sarebbe presentato sul suo sentiero solo perché aveva un Guru come Amma.

Amma sostiene: "I templi hanno un'origine recente, sorsero infatti quando la mente delle persone diventò troppo grossolana per svolgere da sola la purificazione interiore. I Rishi sapevano che gli individui delle epoche a venire non sarebbero stati in grado di afferrare le verità sottili, a meno che non venissero esposte in modo diverso". L'adorazione della forma comincia come una venerazione di un certo personaggio, poi matura, man mano che il devoto comprende i princìpi e gli ideali nascosti dietro le prerogative superficiali della sua divinità. È un progredire dal personale all'impersonale. All'inizio l'attaccamento alla forma è molto importante, perché è il solo modo che abbiamo per assorbirne l'essenza e integrarla nella nostra vita. Senza l'attaccamento alla forma di Amma, non saremo capaci di essere pienamente esposti al vasto raggio dei Suoi *bhava* e *lila*, che costituiscono il mezzo attraverso il quale Ella esprime le virtù che abbiamo bisogno di sviluppare.

Circa lo stato avanzato di meditazione su una forma, Amma dice: "Ad uno certo stadio della pratica spirituale, tutte le forme si fonderanno e scompariranno e si raggiungerà lo stato privo di forma. Il Vedanta è devozione suprema: un vero devoto vede tutto pervaso da Dio, non percepisce nient'altro che Dio ovunque. Il devoto dichiara: 'Ogni cosa è pervasa da Dio' e il *vedantin*: 'Tutto è pervaso da Brahman'".

Saltare subito al senza-forma senza prima sviluppare le qualità mentali necessarie, viene paragonato da Amma al tentativo di arrampicarsi su un albero con un solo balzo. Non solo si fallirà, ma si potrà anche cadere e ferirsi. Questo può essere espresso anche dal proverbio "mettere il carro davanti ai buoi": in quel modo non si andrà da nessuna parte. Per avanzare sul sentiero spirituale, si devono mettere i buoi davanti al carro, cioè capire l'importanza dell'adorazione verso una forma e accettarla come uno stadio essenziale nella pratica spirituale. Uno studioso può comprendere il concetto di progresso dalla forma al senza-forma, ma tutti hanno bisogno di un Guru per trasformare tale comprensione astratta in una pratica reale nella propria vita. Quando il discepolo raggiungerà gli stadi avanzati della pratica spirituale, riceverà l'istruzione relativa alla meditazione sul senza-forma attraverso il mezzo della forma del Guru.

Non dobbiamo dare per scontato il nostro rapporto con Amma: in esso si trova tutto quello di cui abbiamo bisogno e vi è contenuta tutta la spiritualità. La relazione con il Guru ci guida lungo il sentiero spirituale dall'inizio alla fine, ci offre tutta l'ispirazione che ci serve e rimuove gli ostacoli che incontriamo sul cammino. La costante compagnia del Guru, inoltre, è il modo più efficace per rimuovere l'ego ogniqualvolta si affacci. Quando il discepolo sarà pronto, il Guru lo porterà anche alla meditazione sul senza-forma. Poi, il Guru condurrà il discepolo oltre i limiti della mente, fino a raggiungere lo Stato Supremo. ❖

Capitolo 12

Vedere il bene è vedere Dio

È stato chiesto ad Amma: "Qual è il modo migliore per vedere Dio in tutti?" Amma ha risposto che è vedere la bontà ovunque. Facendo questo, non ci inganniamo. Amma fa notare che anche un assassino nutrirà dei sentimenti di amore e interesse per suo figlio e che dunque la bontà si trova in tutti. Amma afferma che questa bontà è Dio.

Amma vede soltanto la bontà nelle persone, mentre la maggior parte di noi, al momento, è capace di vederne esclusivamente gli errori. Molti anni fa, un devoto venne da Amma perché aveva dei seri problemi finanziari con la sua società. Pur sapendo che a quel tempo l'ashram era molto a corto di denaro, egli sperava che Amma lo avrebbe aiutato in qualche modo. Promise che avrebbe restituito il denaro non appena la sua società avesse ricominciato ad avere dei profitti. Vedendolo così avvilito, Amma lo aiutò, anche se questo significava maggiori privazioni per l'ashram.

Ad alcuni di noi non piacque che Amma desse via del denaro quando ne avevamo così poco e io stesso, che in quel periodo ero capo cassiere in una banca, nutrivo molta preoccupazione per la situazione finanziaria dell'ashram. Quando l'uomo non restituì il denaro neanche dopo che i suoi affari si erano ripresi, alcuni brahmachari che vivevano all'ashram si agitarono molto e volevano costringerlo a ridare i soldi. Senza dire nulla ad Amma, alcuni di noi andarono a casa sua e, usando parole forti, fecero pressione affinché restituisse immediatamente il prestito o affrontasse le conseguenze, ma senza risultato.

Prima di prendere una decisione estrema, andai da Amma per chiederLe che cosa dovevamo fare. Amma rispose tranquillamente: "E allora? Cosa importa se non restituisce i soldi? Anche lui è mio figlio, proprio come te, non è vero?"

Pensavo che insistendo su questo tema avrei dimostrato la mia sincerità e il mio interesse nell'aiutare l'ashram, ma la risposta di Amma mi fece sentire come un pallone bucato: mentre io avevo considerato solo il denaro e avevo giudicato l'uomo per non averlo restituito, Amma vedeva tutti noi in modo equanime. Amma dice sempre che sono le cattive azioni di una persona che vanno condannate e non la persona stessa, perché, in essenza, tutti sono lo stesso Atman.

Se siamo abituati a focalizzarci soltanto su quello che non ci piace di una persona o di una situazione, potremo addirittura arrivare al punto di non riuscire più ad apprezzare ciò che è veramente importante.

Una volta, un uomo sposato era al lavoro in ufficio, seduto vicino alla segretaria, ed esaminava i progetti di un edificio. Non si accorse, però, che un lungo capello nero di lei si era attaccato alla sua camicia bianca: quando ritornò a casa la moglie lo vide e cominciò a piangere.

"Oh, adesso ho la prova che hai una relazione con la tua segretaria!"

Vedendo il capello per la prima volta, l'uomo cercò di spiegare, ma senza successo. Il giorno dopo, prima di rientrare dal lavoro, egli si assicurò che sui suoi vestiti non ci fossero capelli, ma proprio prima di raggiungere casa, incontrò una persona a passeggio con un grosso cane dalla lunga pelliccia bionda. Il cane gli dimostrò simpatia ed egli non resistette alla tentazione di coccolarlo; l'animale si strofinò sulla sua gamba e cercò di leccarlo: in quel momento, senza che l'uomo se ne avvedesse, alcuni lunghi peli dorati della sua pelliccia gli si attaccarono ai pantaloni. Entrò in casa con un mazzo di rose in mano, dicendo: "Cara, sono a casa!"

Sua moglie non alzò neppure lo sguardo verso di lui e cominciò ad analizzare ogni centimetro del suo vestito alla ricerca di qualche capello e quando vide i lunghi peli biondi del cane, scoppiò in lacrime.

"Cara, che cosa c'è che non va?"

"Ci sono dei capelli biondi sui pantaloni! Non solo hai una relazione con la tua segretaria, ma anche con la mia migliore amica!"

L'uomo non sapeva più che cosa fare. Il giorno dopo controllò che sui suoi abiti non ci fosse neppure un granello di polvere, attraversò la strada ogniqualvolta qualcuno con un cane si avvicinava e, certo di aver preso ogni precauzione necessaria, entrò in casa dicendo a voce alta tranquillamente: "Ciao cara! Sono qui!" In una mano teneva una scatola di squisiti cioccolatini e nell'altra i biglietti per una vacanza alle Hawaii.

La moglie, però, lo scrutò di nuovo da capo a piedi e dopo aver verificato ogni millimetro del suo corpo senza trovare nulla, scoppiò in un pianto ancora più disperato di prima.

"E adesso che cosa c'è che non va, cara? Non ho capelli addosso, vero?"

"Sì, lo vedo", disse la moglie singhiozzando, "che tu abbia una relazione con la tua segretaria è orribile, e ancora peggio che tu l'abbia con la mia migliore amica, ma non avrei mai pensato che avresti cominciato a vederti con una donna calva!"

Se il nostro cuore è chiuso, dunque, anche quando gli altri cercano di dimostrarci il loro amore, non saremo capaci di accettarlo. La storia seguente, tratta dalla tradizione ebraica, mostra il valore di vedere il bene in ogni situazione che la vita ci porta.

Rabbi Moshe fece un viaggio in una terra sconosciuta, portando con sé un asino, un gallo e una lampada. Una notte in un certo villaggio nessuna casa gli offrì ospitalità e, non avendo altra scelta, decise di dormire nei boschi.

Prima di dormire, accese la lampada per studiare i libri sacri, ma si alzò un forte vento che colpì la lampada, mandandola in frantumi. Il rabbino decise di arrendersi alle circostanze, dicendo: "Tutto quello che Dio fa, lo fa bene". Durante la notte, poi, arrivarono degli animali selvatici che portarono via il gallo, e dei ladri che rubarono l'asino. Quando il rabbino si svegliò e vide le perdite che aveva subìto, continuò serenamente a proclamare: "Tutto quello che Dio fa, lo fa bene".

Il rabbino ritornò nello stesso villaggio in cui non aveva ricevuto ospitalità, e apprese che durante la notte era stato invaso da soldati nemici, i quali avevano ucciso anche tutti gli abitanti. Venne a sapere, inoltre, che questi soldati avevano attraversato gli stessi boschi in cui lui aveva dormito: se la sua lampada non si fosse rotta, sarebbe stato scoperto. Se il gallo non fosse stato portato via, all'alba avrebbe cantato, facendolo scoprire, e se l'asino non fosse stato rubato, il suo ragliare l'avrebbe tradito. Una volta di più Rabbi Moshe dichiarò: "Tutto quello che Dio fa, lo fa bene".

Questa strategia è efficace nei due sensi: quando si è capaci di vedere Dio ovunque, si vede in tutti la bontà e ci si ricorda che ogni persona e ogni oggetto sono una parte importante della creazione di Dio.

Un giorno, il saggio Adi Shankaracharya si imbatté in un uomo di bassa casta, tradizionalmente considerato intoccabile, e gli chiese di spostarsi per poter continuare il cammino. L'intoccabile, però, non si mosse e chiese al saggio: "Che cosa desideri che si sposti dal sentiero: questo corpo, o il Sé che dimora in esso?" E continuò: "Grande asceta, hai stabilito che l'Assoluto è ovunque, in te e in me. È questo corpo, composto dai cinque elementi, che vuoi tenere a distanza dal tuo corpo, anch'esso formato dai cinque elementi? O desideri separare la pura Consapevolezza che è presente qui dalla stessa Consapevolezza che è presente lì?" Shankaracharya riconobbe immediatamente il proprio errore e inchinandosi davanti a lui, compose sul posto cinque versi nei quali affermò che considerava suo Guru chiunque esponesse una simile visione, anche se era un intoccabile. Quando il saggio ebbe terminato i versi, l'intoccabile sparì e al suo posto apparve il Signore Shiva, il Guru primordiale.

Molte persone si chiedono perché, se Dio esiste, ci sia così tanta sofferenza nel mondo. Amma afferma che nella creazione di Dio non c'è sofferenza. Al livello degli esseri umani, ci sono dolore e felicità, piacere e tribolazione, ma al livello di Dio esiste soltanto la beatitudine: non afflizione, né contentezza. Ciò spiega perché le Scritture definiscano l'Essere Supremo *anandaswarupam*, ovvero "fatto di beatitudine". La sofferenza è stata creata solo dagli esseri umani. Questo punto è illustrato dalla seguente storia.

Una volta, qualcuno si lamentò col sole: "Perché lasci sempre metà del mondo nell'oscurità? Se tu lo amassi veramente non ci sarebbe forse luce dappertutto?"

A queste parole il sole si sentì confuso e preoccupato e chiese: "C'è davvero una parte del mondo che è al buio? Me la fai vedere?"

La persona accettò e condusse il sole intorno al mondo per mostrargli le tenebre dell'altro emisfero, ma ovunque il sole giungesse, c'era soltanto luce. Alla fine, il sole aveva fatto il giro del mondo senza aver mai visto l'oscurità.

Chiedere a Dio perché ci sia così tanta sofferenza nel mondo è come chiedere al sole perché c'è il buio: dove c'è il sole non può mai esservi tenebra. Allo stesso modo, dal punto di vista di chi ha realizzato il Vero Sé, il dolore non esiste.

Abbiamo tutti così tanti problemi e lagnanze, che nei giorni e settimane che precedono il nostro incontro con Amma, magari predisponiamo una lista mentale delle nostre lamentele da presentarLe durante il darshan. Ma che cosa accade? Il più delle volte, nel momento in cui ci troviamo tra le braccia di Amma, non riusciamo a pensare a nessun problema: tutte le nostre sofferenze sembrano esser svanite. Il Maestro è come uno specchio che riflette il nostro Vero Sé, e in presenza di Amma riceviamo un assaggio di ciò che si trova oltre il dolore e perfino oltre la felicità: la beatitudine del Sé.

Possiamo guadagnare molto se affrontiamo ogni situazione in una cornice mentale positiva, anziché osservare i problemi da un'angolazione negativa. Jacques Lusseyran, professore universitario francese che rimase cieco all'età di otto anni e dieci anni dopo conobbe i peggiori orrori della malvagità umana in un campo di concentramento nazista, scrisse in segutio: "Qualunque cosa ci accada, la gioia non proviene dall'esterno, si trova all'interno". Se Lusseyran seppe trovare la pace interiore persino nelle più terribili circostanze, anche noi abbiamo indubbiamente la capacità di trascendere ogni difficoltà della vita e di sperimentare la beatitudine indipendentemente dalle circostanze esterne.

Molti anni fa, un viaggiatore arrivò per caso all'ashram di Amma in India e si fermò per qualche tempo. Poiché nei primi giorni non lo vidi partecipare a nessun normale programma, mi sentii un poco preoccupato e gli chiesi se stava apprezzando la sua permanenza.

Egli disse: "È un luogo pieno di pace, ma ci sono alcune cose che mi danno sui nervi".

"Davvero?" chiesi, "Quali cose?"

"Vede", disse il visitatore, "mi alzo molto presto il mattino per meditare, ma proprio allora nel tempio comincia quel terribile chiasso!" – si riferiva all'archana. "Poi, tutto è piacevole e tranquillo fino alle undici circa, ma poi, di nuovo, molte persone si affaccendano nel tempio cantando e facendo rumore" – e con

questo alludeva al darshan di Amma. "Poi, tutto ritorna calmo
fino a sera, quando cominciano a cantare in modo così rumoroso"
– questo commento era per i bhajan di Amma. "Nonostante tutto,
però, mi sento così in pace qui che non so decidermi a partire".

Il viaggiatore non comprendeva che all'origine dell'atmosfera
tranquilla e sacra che apprezzava tanto c'era proprio quello che non
gli piaceva all'ashram: l'archana, il darshan di Amma e i bhajan.

La conversazione con questo visitatore mi riportò alla memoria il racconto fattomi da un brahmachari di Amma sulla sua
esperienza della visita a un monastero in Giappone. Entrando
nel complesso del monastero, il brahmachari fu subito colpito dal
luogo idilliaco e dai suoi dintorni molto tranquilli. Mi confessò
che entrando nella proprietà aveva provato una momentanea fitta
di invidia, pensando: "Quanto sono fortunate queste persone ad
avere un'atmosfera così pacifica e meditativa per le loro pratiche
spirituali. Guarda me: non posso mai restare a lungo in un luogo
e, quando capita, è a Tokyo. Ad Amritapuri c'è sempre tanta folla,
e quando siamo con Amma, tutto è talmente frenetico. Questo
è un luogo così bello...".

Tuttavia, quando il brahmachari ebbe modo di conversare
con il monaco a capo del monastero, questi gli rivelò molti fatti
interessanti sulla loro situazione, confidandogli che dovevano
affrontare una quantità di problemi a diversi livelli. C'erano,
naturalmente, le lotte e i conflitti interpersonali che sorgono
ovunque quando delle anime ancora schiave dell'ego si riuniscono
in numero di due o più. C'erano poi da affrontare problemi legali
e preoccupazioni finanziarie.

Il monaco continuò: "Veramente tutti questi problemi sono
davvero insignificanti, se paragonati al nostro problema più serio".

Il brahmachari chiese: "Quale?"

L'altro rispose: "È un problema che pesa molto sulla mente
di molti monaci nel Giappone d'oggi. Tutta la tradizione sta

fronteggiando una seria crisi perché non vi sono quasi più Maestri Realizzati viventi".

Ascoltando il capo dei monaci, il brahmachari comprese che lì i residenti non avevano pace mentale, nonostante il contesto potesse apparire sereno, mentre nell'ashram di Amma (che persino Lei stessa ha paragonato a una giungla) che appare spesso caotico, gli ashramiti imparano a trovare la pace interiore, qualunque siano le circostanze esterne. La differenza sostanziale tra il monastero giapponese e l'ashram di Amma, comunque, non è certo il livello dei decibel, ma la presenza di un Maestro Realizzato. Senza un Maestro, è difficile condurre una vita spirituale autentica persino nel più pacifico dei luoghi.

Progredendo lungo il cammino spirituale, si tende a oscillare tra eccesso di fiducia e disperazione, tra presunta perfezione e perdita di ogni speranza. L'ideale sarebbe riconoscere il nostro stato di attuale di incompletezza, pur nella piena fede che Amma ci porterà alla meta, e per questo abbiamo bisogno sia di pazienza sia di entusiasmo.

Quando Beethoven era ancora un giovane del tutto sconosciuto, cominciò a perdere l'udito e dovette lottare per continuare gli studi musicali. Quasi nello stesso periodo, suo padre morì e lui divenne così depresso da desiderare perfino il suicidio. Immaginate ora di potere andare indietro nel tempo e incontrare il nostro affranto Beethoven in quel momento critico. Egli è terribilmente infelice e sfiduciato, ma voi conoscete i suoi talenti nascosti. Che cosa gli direste? "Eh sì, Ludwig, hai ragione, non c'è speranza. Stai solo sprecando tempo con tutto questo studio e il resto. Lascia perdere!"? Ovviamente no, nessuno direbbe così, sapendo quale perdita incommensurabile sarebbe per il mondo. Senza alcun dubbio, tutti noi faremmo il possibile per incoraggiarlo a esercitarsi senza sosta.

Proprio come Beethoven, noi siamo inconsapevoli del potere latente e della grandezza che abbiamo dentro. Ognuno porta in sé la sinfonia della gioia e della pace eterne anche se tende a considerare soltanto le proprie limitazioni; Amma, invece, vede sempre e solamente il potenziale infinito nascosto e si dà da fare per portarlo alla luce.

Molti brahmachari che lavorano nel progetto di Amma Amrita Kutiram (case gratuite per i senzatetto) non avevano alcuna precedente esperienza di costruzioni e alcuni furono molto sorpresi quando Amma chiese loro di iniziare a edificare e supervisionare la realizzazione delle case. Ma con la grazia di Amma furono in grado di imparare molto velocemente, e ora sono impegnati in modo competente perfino nello sviluppo di progetti in larga scala come la ristrutturazione di bassifondi e la ricostruzione degli edifici di intere comunità devastate dai disastri naturali.

Quando divenne chiaro che l'ospedale superspecialistico di Amma a Cochin aveva bisogno di un sistema di informazione ospedaliera digitale, gli amministratori vennero da Amma con i costi dei sistemi esistenti sul mercato progettati da corporazioni multinazionali, e non si può dire che fossero a buon mercato. Quando Amma vide le offerte, disse: "Svilupperemo da soli il sistema informativo ospedaliero", e assegnò a un brahmachari l'incarico di ideare il progetto, mentre gli amministratori dell'ospedale non potevano credere alle loro orecchie. Il brahmachari che Amma aveva scelto per questo scopo possedeva la preparazione scolastica adeguata, ma non molta esperienza, e per sviluppare questo tipo di sistemi sono generalmente necessari anni di lavoro e intere squadre di esperti in tecnologia del software. Gli amministratori erano convinti che Amma stesse facendo un grosso errore, ma non poterono far altro che arrendersi alla Sua decisione. Il sistema fu pronto e funzionante nell'arco di un anno e gli amministratori dovettero ammettere che era a un livello pari, se non migliore, di quelli che avevano considerato di acquistare per una grossa somma.

Per un falegname è molto facile usare chiodi nuovi e scintillanti, ma immaginate il duro compito di un carpentiere che deve lavorare soltanto con chiodi arrugginiti e storti. Spinta dalla Sua infinita compassione, Amma ci sceglie tutti tra i chiodi arrugginiti e storti e con incredibile pazienza, lavora per lucidarci e raddrizzarci.

C'è un verso di Adi Shankaracharya, nello *Shiva Aparadha Kshamapana Stotram*, che esprime il nostro vero stato: "Non sono capace di mettere in pratica i rituali prescritti dalle Scritture perché sono troppo complicati. Ancora minore è la mia capacità di compiere il dovere prescritto dalle ingiunzioni dei *Veda* che portano al sentiero essenziale della Realizzazione di Brahman. In me non c'è il desiderio di conoscere e mettere in pratica il dharma. Non so nemmeno cosa signifchi ascoltare dal Guru il significato dei Veda e riflettere su di esso. Mi rimane qualcosa su cui meditare per arrivare alla Realizzazione del Sé? O Signore, ti prego perdonami per tutti questi errori e, nella Tua infinità pietà, accettami".

Una volta, Amma stava consigliando alcuni occidentali, che faticavano a vivere una vita spirituale nel mezzo di tutti i problemi e le sfide della vita quotidiana. Ella disse: "Durante il cammino si può fallire molte volte. Lasciate che accada; in fondo il fallimento capita solo a una persona che cerca il successo. Ma non perdete l'entusiasmo e l'interesse: provate e riprovate. Dichiarate guerra aperta alla mente che può attirarvi e spingervi nelle vecchie abitudini. Comprendete che a portarvi fuori strada è solo un inganno del più grande imbroglione, la mente. Non desistete, perché arriverà il momento in cui le vasana perderanno tutta la loro forza e lasceranno che il Signore entri in voi e vi diriga. Fino a quel momento, continuate a provare. Fate in modo che tutti i fallimenti non riescano a interrompere la vostra pratica".

Amma non abbandona mai gli sforzi per guidare e forgiare i Suoi figli solo perché conosce più di noi il nostro potenziale interiore. Noi potremmo arrenderci, ma sappiamo che Lei non ci abbandonerà mai; preghiamo dunque di avere fede sufficiente nella presenza divina in noi per continuare con pazienza ed entusiasmo fino al raggiungimento della meta.

Amma sa che, in essenza, siamo tutti buoni e puri, e che, indipendentemente da quanti difetti possiamo avere, siamo anche noi sul sentiero della Realizzazione. Quando Amma afferma di vedere Dio ovunque, vuol dire semplicemente che Ella vede il bene ovunque. Poiché Amma nutre continuamente la bontà in noi, essa si rinforzerà e crescerà più luminosa. Proprio come uno scultore crea una splendida statua da un grosso pezzo di pietra informe, così Amma strappa via le nostre inclinazioni e tendenze negative, lasciando che risplendano l'innata divinità e la bellezza. ❖

Capitolo 13

Da dove e come iniziare a condividere l'amore

Quando pensiamo a quanto Amma ci ha dato, vorremmo naturalmente fare del nostro meglio per ricambiarlo almeno in parte. Poi però sorge una domanda: come potremo mai ripagare Amma per tutto quello che ci ha donato? La verità è che si tratta di un compito impossibile, perché non saremo mai in grado contraccambiare tutto. Amma ci dà un amore e una compassione infiniti e incondizionati e per risarcire un dono infinito dovremmo corrispondere in uguale misura; purtroppo, fino a che la nostra consapevolezza rimarrà confinata nel circoscritto e limitato ego, non saremo mai capaci di dare un dono infinito. Ogni volta che qualcuno chiede ad Amma che cosa Le piacerebbe avere, Ella risponde che non ha bisogno di nulla, ma che se realmente L'amiamo, possiamo cercare di esprimere amore e compassione verso tutti gli esseri.

Forse pensiamo di essere sovraccarichi di troppe responsabilità e problemi per trovare il tempo e l'energia di fare del bene agli altri, ma la seguente storia ci dimostra che si può sempre trovare il modo di aiutare il prossimo, qualunque possano essere le circostanze.

Una volta, un anziano vedovo voleva dissodare l'orto, ma non aveva più le forze per un simile esercizio fisico. Il suo unico figlio lo avrebbe certamente aiutato, se non si fosse trovato in prigione a scontare una condanna per furto di gioielli. L'anziano uomo scrisse al figlio la seguente lettera:

Caro figliolo,

sono molto triste perché sembra proprio che quest'anno non riuscirò a zappare l'orto. Detesto non potermene occupare, perché tua madre ha sempre amato molto il momento della semina, ma ormai sto diventando troppo vecchio per dissodare la terra. Tutti i miei problemi finirebbero se tu non fossi in prigione, perché so che se tu fossi qui vangheresti la terra al mio posto.

Con amore, papà.

Alcuni giorni dopo, l'anziano signore ricevette dal figlio il seguente messaggio:

Per l'amor di Dio, papà, non zappare l'orto! È lì che ho seppellito i gioielli!

Alle quattro del mattino successivo, una dozzina di poliziotti arrivò e cominciò a scavare in tutto il giardino, senza però trovare nessun gioiello. Confuso, il vecchio uomo scrisse al figlio un'altra nota, spiegandogli quello che era accaduto e chiedendogli che cosa fare.

Il figlio rispose:

Adesso pianta pure le tue patate, papà... questo è il massimo che potevo fare da qui!

Amma afferma che si dovrebbe rendere felice almeno una persona al giorno, fornendo un poco di assistenza fisica o finanziaria, oppure ascoltando i suoi problemi o condividendo le nostre capacità, o cercando almeno di mostrare un volto sorridente a coloro che incrociamo per strada, se pensiamo di non potere offrire altro. Sul valore del sorriso, Amma racconta la seguente storia.

Un uomo molto depresso stava tornando a casa dal lavoro dopo aver avuto una brutta giornata e, mentre aspettava alla fermata dell'autobus, si sentiva proprio di umore nero. Alla stessa fermata c'era una signora cortese e gentile che sorrise con solidarietà al nostro depresso impiegato.

In tutta la sua vita egli non aveva mai fatto l'esperienza di un simile sorriso: come il sole apparso tra le nuvole, questo sorriso rappresentò un raggio di luce che penetrò nella depressione e nella disperazione della sua mente. Avvolto dalla luce del sorriso compassionevole della sconosciuta, si sentì improvvisamente molto felice, e questa felicità continuò anche quando salì sull'autobus e cominciò il suo tragitto verso casa.

Sceso dal bus, vide un mendicante rannicchiato lungo la strada e poiché continuava a sentirsi molto felice per il sorriso della sconosciuta, gli donò tutto quello che aveva in tasca. Quest'ultimo prese il denaro e dopo essersi riempito lo stomaco e bevuto una tazza di caffè caldo, decise di acquistare un biglietto della lotteria. Raschiandolo, scoprì di aver vinto un premio modesto, non una grossa cifra, ma comunque più di quello che possedeva di solito e che gli garantiva di non preoccuparsi del cibo per i giorni a venire. Mentre ritornava al villaggio si sentì pieno di sollievo e di felicità. Camminando, vide un piccolo cane così malato ed emaciato da sembrare sul punto di morire, e provò molta tristezza. In un altro momento non si sarebbe affatto commosso, ma ora che si sentiva così felice e benedetto dalla sorte, fu sopraffatto dalla compassione per il cagnolino sofferente. Lo raccolse e tenendolo in braccio si avviò verso casa. Lungo il cammino, acquistò del cibo per il cane; dopo aver mangiato per la prima volta da giorni il cagnolino cominciò a sentirsi più forte e vigile. Al sopraggiungere della notte, il mendicante non era ancora arrivato al villaggio, perciò si fermò a casa di una famiglia che talvolta lo ospitava e si ritirò nel garage per dormire insieme all'animale.

Nella casa, durante la notte, scoppiò un incendio: tutti dormivano già profondamente e sarebbero certamente morti se il cane non si fosse svegliato e avesse cominciato ad abbaiare, avvisando così tutti i membri della famiglia, che riuscirono a scappare incolumi. La famiglia aveva due figli, uno dei quali in seguito diventò un Mahatma e riversò le sue benedizioni su migliaia di ricercatori spirituali e su persone alla ricerca di conforto. Se alla fermata dell'autobus la signora dal cuore gentile non avesse sorriso all'impiegato depresso, questo Mahatma sarebbe morto nel sonno e il mondo non avrebbe ricevuto le sue benedizioni divine. Ecco il potere di un semplice sorriso. Come Amma disse una volta: "Hanno il loro seme nel presente perfino cose che sono destinate ad accadere tra 20.000 anni – anche dei piccoli eventi". Come possiamo continuare a sopprimere l'amore e la gentilezza che si trovano in noi, quando pensiamo a quanto profondamente possa influenzare il mondo anche solo la più piccola delle nostre azioni?

Se dato con amore, anche un piccolo dono può avere un effetto positivo nella vita di una persona. A volte i bambini portano ad Amma i loro disegni. A guardarli non si vedono che due o tre righe tracciate sulla carta, giusto qualche scarabocchio disordinato, ma essi li offrono ad Amma con così tanto amore che spesso Lei li accetta toccandoli con la testa. In India, con questo gesto si dimostra l'apprezzamento e il rispetto per una cosa sacra, pensando che la sua grazia e bontà si diffondano in tutto il nostro corpo. Ovviamente, il dono ha poco valore; che cosa se ne fa Amma di tutti questi disegni? Ma Ella considera sacri perfino questi scarabocchi di bambini perché sono stati disegnati e dati a Lei con amore.

Offerto con amore anche un dono insignificante può diventare grande ma, senza amore, nemmeno regali costosi e sofisticati saranno apprezzati e avranno molto effetto sull'altra persona. Per esempio, un'azienda fa molti regali ai suoi clienti, ma senza amore, solo con lo scopo che essi restino fedeli alla ditta. I clienti sanno molto bene di essere una risorsa per l'azienda, e hanno acquisito l'abitudine di aspettarsi dei regali dalla ditta ogni anno. Questo tipo di dono non può neppure essere chiamato dono, quanto piuttosto una forma di baratto.

Amma afferma che se si è in grado di dare vero amore, quell'amore rende santo chi lo dà, ed è sia la causa sia l'effetto della crescita spirituale. Condividendo l'amore con gli altri si cresce spiritualmente, e più si cresce spiritualmente, più si è capaci di dare amore.

Come si può cominciare a mettere in pratica il dono dell'amore? Direi che il posto migliore per iniziare è quello in cui ci si trova adesso. Non pensate che per essere spirituali si debba diventare *sannyasin*. Se avete una famiglia, il posto migliore per mettere in pratica questo dono è proprio la vostra casa. Ci sono i vostri figli e il vostro coniuge: esercitatevi a essere più amorevoli con loro.

Amma dice che dare amore non significa necessariamente abbracciare tutti. Dare amore vuol dire offrire il nostro tempo, la nostra attenzione, dimostrare agli altri che ci stanno a cuore, che ci preoccupiamo del loro benessere, della loro felicità e infelicità. Una tale pratica crea un'atmosfera meravigliosa in famiglia. Se vivete soli, cercate di estendere la vostra sollecitudine, il vostro tempo e la vostra attenzione ai colleghi di lavoro e agli amici. Dovunque siate, non aspettatevi che gli altri siano altrettanto amorevoli con voi. Generalmente, l'amore di una persona diminuisce immediatamente se non viene ricambiato. Non si deve dimenticare che attualmente la relazione è tra due persone incompetenti, ciascuna delle quali si aspetta di ricevere dall'altra un amore e un'attenzione incondizionati, anche se nessuna delle due è capace di donarli. Anziché fissarci sul fatto che il nostro partner non ci sa dare il tipo d'amore che stiamo cercando, e sentirci colpevoli per non riuscire noi stessi a provare amore puro, possiamo cercare di trovare conforto nel fatto che stiamo facendo del nostro meglio.

Visito frequentemente le case dei devoti di Amma e sento spesso lamentele da parte del marito, della moglie e dei figli.

La moglie rimprovera il marito, il marito biasima la moglie, i figli accusano i genitori, e tutto perché i membri della famiglia non ricevono abbastanza tempo e attenzione gli uni dagli altri. Talvolta, la moglie parla mentre il marito sta guardando la TV e anche se lui le dice: "Va avanti, ti ascolto", in verità non riesce a distogliere gli occhi dalla televisione neppure mentre pronuncia queste parole. Come fa la moglie a credere di essere ascoltata?

Nel villaggio del Mullah Nasrudin, il giudice era andato in vacanza e gli usi locali imponevano che il Mullah fungesse da giudice per un giorno. Il Mullah si sedette dietro al podio del giudice, martelletto in mano, guardando con severità il pubblico presente in aula. Alla fine ordinò che fosse introdotto il primo caso.

"Ha ragione", disse il Mullah, dopo aver sentito una delle due parti della controversia.

"Ha ragione", disse, dopo aver ascoltato l'altra parte.

"Ma non possono aver ragione entrambi!", protestò una voce dal pubblico.

"Ha ragione", disse il Mullah.

Analogamente, tutti noi pensiamo di avere ragione e che la causa del problema si trovi nell'altra persona. Il marito pensa che la moglie abbia torto e la moglie crede lo stesso di lui, ma il vero problema risiede nella mancanza di amore sincero, interesse e attenzione reciproci. Quando in famiglia c'è un'atmosfera d'amore, arrivando a casa ci si sente sollevati, anche se nella vita si ha qualche problema, ma ora purtroppo la situazione è invertita: si hanno molti problemi nella vita esterna e ancora di più quando si ritorna a casa. Questa è la ragione per cui molte persone non rientrano a casa dopo il lavoro; bighellonano da qualche parte e ritornano solo a tarda notte quando tutti dormono profondamente.

Cercate di pensare che Dio vi ha dato una famiglia. Ricordate che ci sono molte persone che vorrebbero avere una famiglia, ma non riescono a sposarsi o succede che, pur sposandosi, dopo due anni la moglie lascia il marito, o il marito abbandona la moglie, o pur rimanendo insieme, non sono in grado di avere figli. Per avere una famiglia c'è bisogno della grazia di Dio, perciò se ne avete una, quello è il posto migliore per cominciare a condividere il dono dell'amore. Amma dice sempre che desidera che ognuno di noi faccia del suo meglio per spartire questo amore, per dare il suo tempo e la sua attenzione specialmente ai membri della propria famiglia. Quando saremo in grado di fare questo all'interno della nostra famiglia, potremo lentamente estendere l'amore agli amici, alla società nel suo insieme e alla fine, a tutto il creato. Potremo così diventare la personificazione dell'amore di Amma, in modo che chiunque ci avvicini possa percepire il Suo amore. ❀

Capitolo 14

Il lavoro sacro

Molte persone mi confessano che, dopo aver trascorso alcuni giorni in presenza di Amma, trovano molto doloroso allontanarsi da Lei. Infatti, tutte le attività del mondo sembrano ottuse e vuote paragonate allo stare con Amma. Purtroppo la maggior parte di noi ha molte responsabilità da cui non può scappare: figli, un coniuge, o anziani genitori che dipendono da noi. Se perdessimo tutta la forza e l'entusiasmo convinti che quello che facciamo per loro è solo una perdita di tempo, i nostri cari potrebbero soffrirne.

Nei tempi antichi ci fu un sovrano indiano chiamato Shivaji. Re Shivaji aveva costruito il suo regno riconquistando i territori dai Moghul che avevano invaso l'India, stabilendovi il loro impero. Tuttavia, per conservare il regno, egli dovette combattere continuamente contro gli invasori Moghul e nel corso degli anni arrivò a provare disgusto per ogni guerra e spargimento di sangue, indipendentemente dalla nobiltà della causa. Un giorno, il Guru di Shivaji si presentò davanti a lui chiedendo una *bhiksha*; Shivaji, allora, consegnò al suo Guru un foglio sul quale aveva scritto qualcosa.

Il Guru lo rimproverò dicendo: "Io sono un sannyasin e ho bisogno soltanto di cibo. Non posso mangiare la carta".

Shivaji rispose: "Con questo foglio ti cedo tutto il mio regno e le sue ricchezze. Sei venuto per chiedere l'elemosina e questo è ciò che ti do. Non voglio più questo mondo con la sua preziosa ricchezza, la fama e il potere".

Il Guru disse: "Tu mi hai offerto questo regno e io lo accetto, ora esso appartiene a me".

Con un sospiro di profondo sollievo, Shivaji si prosternò ai piedi del suo Guru, sentendosi come se il peso del mondo gli fosse stato letteralmente sollevato dalle spalle. Quindi chiese al Guru che cosa dovesse fare con il resto della sua vita.

"Voglio che ti occupi del regno, che sia il suo amministratore. Governerai questo regno come mio rappresentante", lo informò il Guru.

Shivaji perciò rimase al governo del regno, ma nel nome del suo Guru; svolse gli stessi compiti di prima ma con un atteggiamento completamente differente. Anziché pensare: "Io sono il Signore del posto", diceva a se stesso: "Questo non è più il mio regno; io sono soltanto un guardiano che serve il suo Guru". In questo modo, tutta la tensione che aveva sperimentato fu eliminata, e nelle sue azioni ci furono inoltre più amore e attenzione. Ancora oggi, Shivaji è riconosciuto come uno dei più grandi sovrani della storia dell'umanità.

In modo simile, nemmeno noi abbiamo bisogno di abbandonare il lavoro che stiamo facendo: per trasformare la nostra vita tutto quello che è richiesto è un cambiamento nel nostro atteggiamento. Se riusciamo a pensare che il nostro lavoro ci è stato dato da Amma e lo svolgiamo come un servizio reso a Lei, saremo in grado di adempiere alle nostre responsabilità con amore e sincerità. Ecco cosa significa veramente dedicare la propria vita ad Amma.

Prima che Amma gli chiedesse di diventare il direttore amministrativo dell'AIMS, il Suo ospedale superspecialistico a Cochin, Ron Gottsegen era solito leggere soltanto le Scritture e i commenti scritturali; quando assunse questa responsabilità dovette leggere molti libri tecnici di medicina, tecnologia medica e amministrazione ospedaliera. Dopo due o tre anni di questa routine, cominciò a rimpiangere di non avere più tempo per studiare le Scritture. Anziché istruirsi sull'Atman, stava imparando la tomografia a risonanza magnetica… Un giorno disse ad Amma che temeva di stare sprecando il suo tempo leggendo tutti quei libri tecnici, dopo tanti anni di studio delle *Upanishad*, della *Bhagavad Gita* e di altri tesori spirituali.

La bella risposta di Amma può essere utile a tutti noi. Amma gli disse: "Questo è il lavoro che ti ho assegnato in questo momento, non preoccuparti che ti serva o meno nella tua ricerca spirituale. Se svolgi il tuo lavoro con sincerità, stai servendo il Guru, e ciò ti porterà certamente un beneficio spirituale".

Un Mahatma come Amma non fa altro che ripristinare l'armonia perduta nella società e nella creazione nel loro insieme. Tutte le volte che Amma fonda una nuova istituzione – si tratti di un ospedale, un college di gestione manageriale, un orfanotrofio, o una facoltà di medicina – è sempre con lo scopo di creare maggiore ordine e armonia nella società. Per esempio, prima che Amma assorbisse l'orfanotrofio di Paripally in Kerala, che ora è sotto la direzione del Suo ashram, quei bambini si trovavano in una situazione disperata, tirando avanti in condizioni invivibili. Quando Amma adottò questo orfanotrofio, lo ristrutturò e ne ricostruì completamente le infrastrutture, rinnovando i programmi assistenziali e portando quindi l'armonia in un luogo che era stato sinonimo di disarmonia e sofferenza. Quando costruì l'ospedale superspecialistico a Cochin, fu in risposta alla dura realtà che in Kerala (e in molte altre parti dell'India) non dà speranza di sopravvivenza a una persona che non possiede il denaro necessario per affrontare una operazione specialistica indispensabile a salvargli la vita. Adesso, non solo i pazienti poveri trovano nell'AIMS una risorsa nel momento del bisogno, ma anche molti ospedali in Kerala sono stati costretti ad abbassare i prezzi per mantenere la competitività. E anche qui, Amma ha ristabilito il dharma al posto dell'*adharma*, e ha rimpiazzato la disarmonia con l'armonia. In tutte le istituzioni di Amma lavorano insieme migliaia di impiegati, più molte altre migliaia di volontari. In virtù del lavoro svolto in una di queste istituzioni o progetti, ognuno di loro contribuisce con la propria azione a ristabilire l'armonia nella società e nel mondo. Queste istituzioni non sono soltanto un grande servizio reso alla società, ma anche un beneficio spirituale per ogni volontario e ogni impiegato. Le Scritture affermano: "Chiunque contribuisca all'armonia universale sta adorando Dio; chiunque la disturbi va contro di Lui".

Naturalmente, questo non si applica soltanto a chi lavora nelle istituzioni di Amma; ciascuno di noi può adottare questo atteggiamento nei riguardi del proprio lavoro, indipendentemente da quello che fa. Amma mi consigliò nello stesso modo quando lavoravo ancora in una banca che non aveva alcun rapporto con l'ashram. Fui così in grado di trattare i clienti con molta più pazienza, comprensione e affetto, perché riuscii a pensare che era stata Amma a pormi in quella posizione e a darmi quel lavoro, e che ogni cliente che si rivolgeva a me era stato mandato personalmente da Lei. Questo è gia in se stesso un servizio al Guru. Amma dichiara che amarLa veramente equivale ad amare e servire tutti gli esseri. Perciò se saremo capaci di trattare con gentilezza e amore i nostri colleghi di lavoro e le persone con cui interagiamo, ovunque ci troviamo e qualunque lavoro stiamo facendo, immaginando che sia stata Amma a metterci in quella particolare situazione per fare proprio quello, staremo davvero conducendo una vita spirituale.

Si tratta solo di cambiare atteggiamento. Se siamo capaci di svolgere con amore e sincerità il nostro lavoro, questo è il nostro servizio al Guru. Senza tale disposizione, la spiritualità diviene patrimonio dei soli sannyasin, quando invece non è per pochi – è per tutti. In verità, è la scienza più pratica di tutte. Le Scritture e i Maestri sanno che la maggior parte delle persone ha molte responsabilità verso gli altri, e non può ritirarsi in un ashram o in un luogo solitario e passare il tempo nelle pratiche spirituali. Come fare ad integrare la spiritualità nella vita quotidiana?

Per avere una risposta non c'è bisogno di guardare più in là di Amma. Sebbene non abbia avuto figli biologici, si può dire che Amma possieda la più grande famiglia del mondo – milioni di devoti La considerano loro Madre ed effettivamente Ella vede tutti gli esseri del creato come Suoi figli. Perciò possiamo dire che Amma abbia più responsabilità terrene di chiunque altro sul pianeta; eppure non dice mai: "Lasciatemi finire il mio lavoro per oggi e poi farò qualche pratica spirituale". Sebbene sempre impegnata nell'azione, Amma non considera nulla distinto dalla Sua pratica spirituale: in ogni persona che viene da Lei, vede Dio. All'orecchio di ognuno ripete il nome della Madre Divina. Amma è la prova vivente che è possibile condurre una vita spirituale nel mondo pur avendo molte responsabilità e obblighi.

Sebbene ami tutti in modo eguale, Amma dice di provare un affetto speciale per coloro che lavorano per gli altri, piuttosto che per chi lavora per se stesso. In un passo del Suo discorso al Parlamento delle Religioni del Mondo, a Barcellona nel 2004, Amma ha affermato che se nei nostri cuori c'è almeno un po' di compassione, dovremmo lavorare ogni giorno una mezz'ora in più per guadagnare del denaro per i poveri e i bisognosi, poiché in questo modo si potrebbe trovare una soluzione a tutto il dolore e alla povertà del mondo. Anche se pensiamo che il nostro lavoro sia completamente scollegato dall'organizzazione di Amma e dal lavoro che Ella porta avanti, se ci impegniamo a lavorare ogni giorno mezz'ora in più, unicamente a vantaggio delle persone bisognose, qualunque lavoro diverrà *karma yoga*. Semplicemente seguendo questo consiglio di Amma, l'intera vita lavorativa diverrà un'offerta a Dio e ciò che è mondano diverrà sacro.

Una volta, gli abitanti dell'Inferno, presentarono una lamentela a Dio. "Abbiamo sofferto all'Inferno per molte centinaia di anni", spiegarono a Dio, "e quando guardiamo in su, vediamo i residenti del Paradiso che godono di tutti i piaceri celesti e trascorrono il tempo in modo meraviglioso".

Dio ascoltò pazientemente e poi disse: "Vedrò cosa posso fare". Si recò dai residenti del Paradiso e riferì loro la rimostranza degli abitanti dell'Inferno; senza che glielo si chiedesse, essi offrirono generosamente di scambiarsi di posto.

Naturalmente gli abitanti dell'Inferno accettarono subito l'offerta e fu così che tutti coloro che avevano precedentemente goduto i piaceri del Paradiso discesero all'Inferno, e tutti quelli che avevano sofferto all'Inferno ascesero al regno celeste.

Due settimane dopo, Dio si recò in Paradiso a vedere come andavano le cose per i nuovi residenti, ma non lo riconobbe nemmeno, perché i nuovi abitanti non se ne prendevano affatto cura: avevano smesso di pulire le strade e le case, e sembrava che non avessero fatto un bagno dal momento del loro arrivo in Paradiso. Potremmo dire che il tasso di criminalità era in aumento, anche se a onor del vero era la prima volta che venivano commessi reati in Paradiso! Quando si incontravano per strada, le persone non si sorridevano, e sentimenti di paura, dubbio, odio e disperazione regnavano sovrani. Insomma, nel giro di due settimane, il Paradiso aveva cominciato ad assomigliare all'Inferno.

Allora Dio discese all'Inferno per chiedere ai precedenti residenti del Paradiso che cosa fare in merito alla situazione attuale del Paradiso. Dopo tutto, dato che avevano ceduto il Paradiso volontariamente, niente poteva impedire loro di riprenderselo.

Proprio come non aveva riconosciuto il Paradiso dopo due settimane di occupazione da parte dei precedenti abitanti dell'Inferno, lo stesso accadde nel loro vecchio malconcio territorio. Gli ex-residenti del Paradiso avevano lavorato duramente, pulendo, ristrutturando e pitturando ogni cosa a vista d'occhio. Si aiutavano gli uni con gli altri e nessuno scansava il compito di riordinare un caos di cui non era responsabile. E così, tutto il luogo era permeato da sentimenti di spirito di comunità, di aiuto reciproco, ottimismo e buon umore. In verità, Dio pensò che l'Inferno cominciasse ad assomigliare al Paradiso.

Gli abitanti dell'Inferno credevano che tutti i loro problemi si sarebbero risolti se solo avessero potuto scambiarsi di posto con i loro pari celesti, ma, alla fine, divenne chiaro che le qualità del Paradiso e dell'Inferno non erano determinate dal luogo in se stesso, ma dalle inclinazioni dei loro residenti. In sole due settimane, i cittadini del Paradiso avevano trasformato l'Inferno in un luogo che gli assomigliava molto, e gli abitanti dell'Inferno avevano trasformato il Paradiso in un'altra specie di Inferno.

L'atteggiamento interiore è il fattore primario che determina l'esperienza, sia che viviamo all'ashram di Amma sia che ci troviamo a lavorare nel mondo. Se coltiviamo internamente la pace, l'amore, la pazienza e la compassione, saremo in paradiso anche se messi esteriormente in un inferno, ma se permettiamo che disposizioni negative come la gelosia, la rabbia, l'impazienza e l'odio ci avvelenino, ci ritroveremo all'inferno, per quanto piacevoli, confortevoli, o spirituali possano sembrare le circostanze esterne. ❖

Parte 3

Flusso di grazia

La grazia cade di continuo come la pioggia:
per riceverla basta aprirsi.

– Amma

Capitolo 15

L'onniscienza di Amma

Imparammo in fretta che era impossibile nascondere qualco sa
ad Amma. All'inizio ciò rappresentò una vera sorpresa per noi
che non sapevamo nulla sui Mahatma o sulle caratteristiche di
un Maestro Realizzato, e che per questo non fummo in grado di
capire subito l'onniscienza di Amma. Ella però, senza mai dircelo
direttamente ci diede molte prove tangibili che dimostravano la
Sua natura.

Fin dai primi giorni dell'ashram, Amma insisteva sempre
che ai devoti in visita all'ashram fosse servito il cibo prima che ai
brahmachari e che Lei avrebbe mangiato qualcosa solo per ultima.
Ma nei primi tempi, dopo che tutti i devoti avevano mangiato non
avanzava abbastanza cibo; in certi giorni c'era il riso, ma non il
curry di verdure, in altri le verdure, ma non il riso. Per insaporire
il riso, quando non restava altro, eravamo soliti versarci sopra
della polvere di curry. In una occasione simile, circa 25 anni fa,
mentre Amma stava dando il darshan, due brahmachari che si
trovavano in cucina scoprirono che era avanzata una pentola di
riso, senza verdure. Si servirono ciascuno un piatto di riso e poi vi
sparsero sopra della polvere di curry ma forse a causa della fame,
o della mancanza di attenzione, ne versarono troppa. Proprio
allora udirono Amma che stava arrivando in cucina: erano certi
che si sarebbe arrabbiata se avesse visto quanto curry avevano

sprecato[1], e perciò, per sottrarre alla vista il loro errore coprirono frettolosamente il curry con dell'altro riso e nascosero i due piatti in un angolo dietro alla porta.

Quando Amma entrò, uno dei due brahmachari teneva le braccia incrociate e canticchiava una canzone come se niente fosse, l'altro, invece, non altrettanto abile nel nascondere il misfatto, faceva molta attenzione a non incontrare lo sguardo di Amma, fingendo di cercare qualcosa nell'angolo della stanza opposto a quello in cui erano nascosti i piatti.

Amma, però, non si lasciò ingannare neppure per un istante: andò direttamente dove si trovavano i piatti, tolse il riso aggiunto e mise in mostra la grande quantità di polvere di curry occultata.

Nei suoi primi rapporti con Amma, anche Swami Purnamritananda (allora un giovanotto di nome Srikumar) ebbe un'esperienza che cancellò dalla sua mente ogni dubbio circa l'onniscienza di Amma.

Da ragazzino, Swami Purnamritananda partecipò a un concerto di flauto che toccò il suo cuore tanto da fargli desiderare di imparare a suonare quello strumento. Suo padre, però, non gli diede il permesso, preoccupato che si distraesse dagli studi, e ciò lo rattristò molto. Un giorno, durante un festival in un tempio vicino, egli vide un uomo che suonava il flauto meravigliosamente e che ne aveva anche molti in vendita. Swami Purnamritananda ne acquistò uno e cercò di suonarlo da solo, ma trovò la cosa troppo difficile. Sua nonna, cui aveva confidato di desiderare

---

[1] A quei tempi, pur di avere qualcosa da mangiare per i brahmachari, Amma era addirittura costretta a chiedere del riso ai vicini di casa, perciò anche una manciata di polvere di curry era preziosa. Ancora oggi che l'ashram ha più di 3000 residenti e serve decine di migliaia di pasti ogni giorno, Amma è molto attenta a instillare nei residenti dell'ashram una cultura di riverenza e rispetto nei confronti del cibo e di tutto ciò che viene usato nell'ashram. Questa è la ragione per cui l'ashram produce una quantità di rifiuti veramente minima rispetto alle altre istituzioni delle sue dimensioni.

che qualcuno gli insegnasse a suonarlo, lo consigliò di pregare Sri Krishna, il flautista divino, affinché gli facesse da insegnante.

Il giovane Swami Purnamritananda ebbe fede nelle sue parole, andò nel tempio di Krishna e Lo pregò di diventare il suo maestro di flauto. Come se il Signore avesse sentito la sua preghiera, Swami Purnamritananda fu improvvisamente in grado di suonare semplici canzoni.

Passarono gli anni e, poco dopo aver incontrato Amma, Swami Purnamritananda decise di metterLa alla prova. Durante un Krishna Bhava, egli avvolse il suo flauto in una carta di giornale, lo portò al tempio dove Amma stava dando il darshan e Glielo mostrò, chiedendoLe se era in grado di identificare che cosa contenesse l'involucro.

Ella sorrise e gli disse: "Dimmelo tu, figlio mio".

"Io so già cosa c'è dentro", rispose, "è da Te che voglio sentirlo".

Amma continuò ad insistere che glielo dicesse lui, e alla fine, molto deluso che non fosse stata riuscita a identificarlo, fu costretto a dirLe che si trattava di un flauto di bambù.

Senza perdere un attimo, Amma lo contraddisse: "Non è un flauto, figlio mio, ma un pacchetto d'incenso".

Swami Purnamritananda era certo di avere ragione. "No, è il mio flauto. L'ho incartato io stesso".

Amma gli chiese di togliere la carta, sotto gli occhi curiosi di tutti i devoti, e fu uno shock per lui vedere, al posto del suo flauto, un astuccio cilindrico di metallo nuovo fiammante pieno di bastoncini d'incenso!

Swami Purnamritananda non poteva credere ai suoi occhi. Come era potuto accadere? Chiese mentalmente ad Amma: "Sei una maga? Perché hai trasformato il mio flauto in un astuccio di incensi?" Non aveva più il desiderio di mettere Amma alla prova, ma voleva davvero indietro il suo flauto. Disse umilmente ad Amma: "Per favore, dimmi dove si trova il mio flauto".

Con un sorriso birichino sul volto, Amma disse: "È a casa tua, nella stanza della puja, dietro all'immagine di Krishna". Swami Purnamritananda ritornò immediatamente a casa e andò a cercare il flauto nella sala della puja.

Lo trovò esattamente dove Amma aveva detto. "Com'è possibile?", si chiese mentre riepilogava tutti i fatti della giornata. Quel giorno, mentre si preparava a uscire dopo aver impacchettato il flauto, sua madre lo aveva chiamato in cucina insistendo affinché facesse colazione prima di andarsene.

Swami Purnamritananda, ubbidiente, aveva lasciato il flauto sul tavolo del salotto ed era andato in cucina. Proprio in quel momento, suo padre aveva fatto ritorno dal negozio dove aveva acquistato un astuccio cilindrico pieno di incensi, avvolto anch'esso nella carta di giornale, e lo aveva lasciato sul tavolo del salotto vicino al flauto di Swami Purnamritananda. Quindi si era recato in bagno a lavarsi i piedi prima di entrare nella stanza della puja.

Uscito dal bagno, anziché prendere il pacchetto degli incensi, aveva afferrato per sbaglio l'involucro con il flauto, ed era andato a collocarlo dietro all'immagine di Krishna, posto in cui conservava l'incenso.

Al suo ritorno dalla cucina, Swami Purnamritananda aveva preso il pacchetto di incensi, pensando si trattasse del flauto che voleva usare per mettere alla prova Amma.

Questo è ciò che accadde veramente, ma non era assolutamente possibile che Amma fosse a conoscenza della sequenza degli eventi. Swami Purnamritananda era certo che Amma avesse orchestrato la serie di fatti della giornata per fargli uno scherzo malizioso, consapevole com'era del suo desiderio di metterLa alla prova. Burla o non burla, in ogni caso, non gli rimase alcun dubbio circa la natura onnisciente di Amma, e decise di mettere fine ai suoi test.

Nel poema epico *Mahabharata*, si narra un episodio accaduto mentre i fratelli Pandava si trovavano in esilio in una foresta lontana da casa. Un giorno, il Signore Krishna andò a trovarli. Arjuna e Krishna stavano conversando quando, indicando un albero, Krishna chiese ad Arjuna: "Arjuna, vedi quel corvo appollaiato sul ramo?"

Arjuna disse: "Si, mio Signore".

Krishna continuò: "Arjuna, credo che non si tratti di un corvo, ma di un cuculo".

Arjuna rispose: "Si, mio Signore, è un cuculo".

Poi Krishna sembrò correggersi, affermando invece: "Veramente, Arjuna, non è un cuculo ma un piccolo di pavone".

"Oh sì, ora vedo che è un bel piccolo pavone".

Alla fine, Krishna concluse: "Arjuna, non si tratta di un corvo, né di un cuculo e nemmeno di un piccolo di pavone. È un'aquila. Perché hai dato ragione a tutte le mie affermazioni quando potevi chiaramente vedere con i tuoi occhi che tipo di uccello fosse?"

Arjuna replicò: "Mio Signore, Tu sei Dio in persona, dunque puoi facilmente trasformare un corvo in un cuculo, un cuculo in un piccolo pavone e quest'ultimo in un'aquila. Io so che la Tua visione è sempre più corretta della mia".

Una volta, molti anni fa, mentre stavo traducendo per Amma durante uno dei Suoi programmi in Tamil Nadu, Amma mi interruppe e disse che avevo fatto un errore. Sicuro di me, informai Amma che avevo studiato a scuola la lingua tamil per 14 anni e che la mia traduzione era stata senz'altro corretta. All'improvviso Amma mi chiese di scendere dal palco, dicendo: "Non serve più che tu traduca per me!", chiamò un devoto tra il pubblico e gli chiese di sostituirmi. Tristemente lasciai il mio posto, pur rimanendo abbastanza vicino da poter udire Amma.

Prima che il devoto continuasse la traduzione, Ella gli chiese che cosa avevo detto e mentre lui ripeteva le mie parole, capii di aver fatto un errore. Amma aveva detto una cosa e io avevo tradotto qualcos'altro. Sebbene conoscessi bene sia il malayalam sia il tamil, non avevo trasmesso esattamente quello che Amma intendeva. Mi sentii così avvilito e pensai che non avrei mai più avuto un'altra possibilità di tradurre per Amma. Mi ripromisi che se ne avessi avuto ancora l'occasione, non avrei più cercato di dimostrare che io avevo ragione e Amma torto. E forse, percependo la mia decisione interiore, nella successiva città del tour, Amma compassionevolmente mi chiamò e mi chiese di tradurre.

Ascoltando questa storia, qualcuno potrebbe insinuare che non fu proprio un miracolo che Amma sia stata in grado di correggere le mie parole, perché ha tanti devoti tamil e sicuramente anche qualche nozione della loro lingua. Ma Amma può fare, e ha fatto, la medesima cosa molte volte anche con lingue che dovrebbero esserLe del tutto sconosciute.

La prima volta che Amma andò in Francia, mentre il Suo discorso veniva tradotto in francese, interruppe l'interprete e ripeté uno dei Suoi punti, chiedendogli di tradurlo nuovamente. Fu solo allora che egli comprese di avere completamente scordato di menzionare quel punto. Sebbene stesse parlando in francese, Amma aveva notato che lui aveva saltato un determinato passaggio. Più tardi egli chiese ad Amma: "Tu non parli francese, come hai fatto a sapere che non avevo tradotto quel punto?"

Amma rispose: "È vero che Amma non conosce la lingua, ma può vedere la tua mente. Prima che le parole escano dalla bocca, esse hanno la forma di pensieri, non è vero? La forma sottile della parola è il pensiero. Amma stava osservando i tuoi pensieri e ha visto che avevi dimenticato quel punto".

Un brahmachari che lavorava al progetto Amrita Kutiram ritornò all'ashram da un cantiere in Bangalore e chiese ad Amma di poter lavorare in un sito più vicino all'ashram di Amritapuri; Amma acconsentì, ma dopo una settimana, un bel giorno, durante il darshan del mattino, Amma lo richiamò dalla località vicina all'ashram in cui stava lavorando e gli disse che doveva immediatamente partire per un altro cantiere, quello di Ernakulam, a tre ore circa dall'ashram. Egli ne fu sconvolto e chiese ad Amma se poteva partire dopo un paio di settimane, visto che era appena ritornato da Bangalore. Amma ribadì che doveva partire immediatamente per Ernakulam. Egli venne da me piangendo, annunciando che non voleva andare. Io cercai di convincerlo che un discepolo deve ubbidire il più minuziosamente possibile alle istruzioni del Guru e citando alcune delle mie esperienze, alla fine, lo convinsi a partire. Egli se ne andò nel primo pomeriggio e raggiunse Ernakulam, dove prese accordi per subentrare a un altro brahmachari nei lavori edili. Purtroppo, solo due ore dopo incominciò ad avvertire un dolore al ventre tanto insopportabile che fu necessario ricoverarlo immediatamente all'AIMS, l'ospedale superspecialistico di Amma che si trova nelle vicinanze. Lì le sue condizioni peggiorarono: i medici effettuarono un esame con gli ultrasuoni, diagnosticando che la sua appendice poteva perforarsi da un momento all'altro. Venne portato d'urgenza in sala operatoria, e l'appendice gli fu tolta appena in tempo. Dopo essere stato dimesso dall'ospedale, Amma permise al brahmachari di ritornare all'ashram e di lavorare in un cantiere vicino.

Anche se quando era venuto da me piangendo io avevo fatto del mio meglio per convincerlo a seguire alla lettera le indicazioni di Amma, intimamente mi ero però chiesto perché Amma fosse così crudele da rimandarlo immediatamente lontano. Pensavo fosse strano che non acconsentisse a fargli trascorrere all'ashram nemmeno un giorno in più, ma la motivazione della urgente direttiva di Amma divenne perfettamente comprensibile quando ricevetti la notizia dell'operazione subita dal brahmachari. Ella sapeva che proprio quel giorno era necessario che il brahmachari si trovasse nelle vicinanze di un ospedale: se quella notte si fosse trovato ancora all'ashram, non ci sarebbe stato modo di ricoverarlo tempestivamente per rimuovere l'appendice infiammata, e le sue condizioni avrebbero potuto peggiorare in modo fatale.

Possiamo chiederci perché, se davvero Amma conosce ogni cosa, non abbia semplicemente informato il ragazzo che quella sera avrebbe avuto bisogno di un intervento chirurgico e non lo abbia fatto ricoverare in un ospedale. Mandandolo al cantiere, però, Amma si era assicurata che il giovane non trascorresse l'intero giorno nella preoccupazione dell'imminente operazione e inoltre egli aveva potuto imparare un'importante lezione circa l'importanza di ubbidire alle istruzioni del Guru. Nello stesso tempo, Amma aveva fatto in modo che si trovasse vicino all'ospedale nel momento in cui ne avrebbe avuto bisogno. Inoltre, nella Sua umiltà, Amma non paleserà mai direttamente la Sua natura onnisciente, a meno che non sia assolutamente necessario.

Per quanto, come nel caso qui sopra, talvolta le azioni o le parole misteriose di Amma rivelino quasi immediatamente la Sua natura onnisciente, in altre circostanze ci sono voluti anni, addirittura decenni, perché tali lezioni diventassero chiare per tutti noi.

Nei primi anni dell'ashram, intorno ad Amma c'era soltanto una manciata di brahmachari così attaccati alla Sua forma fisica da seguirla sempre dappertutto, anche quando Lei non voleva. Qualche volta Amma cercava di andarsene di soppiatto dall'ashram senza che noi lo sapessimo, ma in qualche modo scoprivamo sempre il luogo in cui si trovava. In una particolare occasione Amma era andata a incontrare una famiglia a una certa distanza dall'ashram e stava aspettando l'arrivo di questa famiglia seduta in una capanna quando noi brahmachari cominciammo ad arrivare alla spicciolata uno dopo l'altro e a sederci il più possibile vicino a Lei. Quando la famiglia arrivò, Amma ci chiese di spostarci dall'altro lato della capanna, cosa che facemmo senza entusiasmo e, quando se ne andò, Swami Paramatmananda (allora Br. Nealu) disse ad Amma: "Amma, ci ha molto rattristato che tu abbia voluto allontanarci da Te. Non volevamo intrometterci nella discussione con quella famiglia, volevamo solo starti vicino".

A queste parole, Amma rispose tranquillamente: "Oggi sei triste perché devi allontanarti da me di un paio di metri, ma arriverà il giorno in cui avrai bisogno di un binocolo per vedermi". In quel momento non capimmo come avrebbero potuto avverarsi le Sue parole e pensammo fosse solo un modo di dire. Ma più di 20 anni dopo, durante *Amritavarsham50* – Abbracciando il Mondo per la Pace e l'Armonia (la celebrazione del 50esimo compleanno di Amma, tenutasi in uno stadio di Cochin sotto forma di evento internazionale di preghiera per la pace mondiale), Swami Paramatmananda stava cercando di farsi largo per arrivare sul palco, quando fu fermato dalle guardie di sicurezza dello stadio che non lo avevano riconosciuto come uno dei discepoli più anziani di Amma. Per assistere al programma della serata, egli fu costretto a prendere posto sulle gradinate dello stadio, da dove Amma appariva come un minuscolo, scintillante punto bianco. Solo allora comprese che le profetiche parole di Amma di venti anni prima si erano realizzate alla lettera.

Il compito di Amma talvolta era reso più difficile da quello che apprendevamo dalle Scritture. Ricordo che avevamo imparato che un Vero Maestro non può mai essere arrabbiato con un discepolo, e che la Sua ira è solo una maschera indossata per elevare il discepolo.

Sapendo questo, non prendevamo più seriamente la collera che Amma ci dimostrava, per quanto grande fosse. A quel tempo eravamo così attaccati ad Amma che non volevamo lasciarLa neppure per un minuto. Amma non voleva che fossimo tanto dipendenti dalla Sua forma fisica, perciò provò vari metodi per tenerci lontani, mostrandosi arrabbiata, agendo come se non ci amasse... ma nulla ci dissuadeva dal rimanere in Sua presenza, richiedendo insistentemente la Sua attenzione.

Talvolta, Amma si chiudeva in camera e non apriva la porta anche se bussavamo con tenacia. Una volta, fuori dalla Sua porta, un brahmachari cominciò a gridare: "Ammaa! Ammaa!" Poi fece una pausa e informò Amma attraverso la porta: "Amma, Ti ho chiamato dieci volte!", ma poiché Ella non rispondeva, riprese a invocare nuovamente il Suo nome. Poi si fermò e disse: "Amma, adesso sono venti!" Continuò a chiamarLa finché precisò: "Amma, ora ho terminato i 108 nomi! Devi aprire la porta!" Ma ancora Amma non apriva. Allora il brahmachari emise dei suoni come se stesse piangendo e, spinta dalla Sua natura compassionevole, Amma si trovò a non poter resistere a questa tattica. Ma quando aprì la porta, trovò il brahmachari che sorrideva.

A volte, Amma restava assorta in meditazione per tanto tempo. Noi non sapevamo nulla sullo stato di *samadhi*, e non avevamo molta pazienza con questo ritirarsi di Amma nel Suo Sé. Dopo aver aspettato una mezz'ora o giù di lì, talvolta andavo da Lei e La scuotevo per le spalle cercando di ottenere la Sua attenzione. Ricordo che una volta un brahmachari voleva dire ad Amma qualcosa che considerava molto importante, ma poiché Ella non rispondeva ai suoi richiami, andò ad esaminarLa e, lentamente ma con decisione, cominciò a cercare di aprirLe le palpebre.

Se Amma ci scacciava, noi ci aggrappavamo alle Sue braccia, dicendo: "Ci puoi rimproverare e scacciare, puoi fare quello che vuoi con noi, ma per favore, non restare in silenzio, non essere indifferente, per noi è troppo da sopportare".

In questo modo noi Le suggerimmo involontariamente uno dei pochi metodi con cui poteva disciplinarci. Quando voleva correggere i nostri errori, anziché rimproverarci direttamente,

Ella infliggeva qualche forma di punizione al Suo corpo. Qualche volta rifiutava di mangiare, altre volte restava immersa fino al petto in uno stagno per ore di fila. Questo Suo modo di educarci ci procurava molto dolore e, purché non ricorresse a tali misure estreme, pian piano imparammo a prendere più seriamente i Suoi rimproveri.

L'onniscienza di Amma fu particolarmente e acutamente evidente nelle Sue affermazioni riguardo il "sopraggiungere delle tenebre" durante l'anno 2005. Amma parlò del 2005 per molti anni in privato con i Suoi discepoli e poi, nel 2003, proprio prima del darshan di un Devi Bhava in Rhode Island, fece un annuncio pubblico davanti a una folla di più di 4000 persone. In quel frangente, Amma disse a tutti che vedeva arrivare tempi difficili, ma di non aver paura. "Amma percepisce molta oscurità nel mondo, e tutti devono fare molta attenzione. Quando Amma guarda giù vede delle fosse profonde, perciò le cose possono mettersi al peggio se la gente non fa estrema attenzione".

Effettivamente, questa fu la ragione principale per cui Amma accettò di far celebrare, nel settembre del 2003, il suo 50esimo compleanno sotto forma di evento internazionale. Ella pensò che centinaia di migliaia di persone riunite insieme a pregare per la pace e l'armonia del mondo avrebbero ridotto l'effetto di qualunque calamità stesse per abbattersi sul nostro cammino. Fu allora che i figli di Amma cominciarono a ripetere regolarmente il mantra della pace *Om Lokah samastah sukhino bhavantu* (Possano le creature di tutti i mondi essere felici), in modo sia individuale che collettivo e nel mondo intero.

Una sera, durante il programma delle celebrazioni del 50esimo compleanno di Amma, davanti a più di 200.000 persone provenienti da tutto il mondo, Amma chiese a tutti i Suoi figli di ripetere il mantra della pace per un minuto intero e di immaginare che vibrazioni di pace si diffondessero dal cuore di ognuno verso tutto il pianeta. Al termine di quel minuto, chiese poi ad ognuno di prendere per mano il proprio vicino e ripetere il mantra della pace ancora tre volte. Amma diresse anche un puja speciale nella quale bagnò una pianticella di fico del Banyan con le acque raccolte dai fiumi, dai mari e dai laghi di quasi tutte le nazioni della terra.

Nell'estate 2004, Amma ripeté ancora che sentiva "scure nubi che arrivavano a coprire il cielo", perciò quando le Nazioni Unite Le chiesero di partecipare alla Giornata Internazionale per la Pace, Ella diede la sua completa adesione, spingendo centinaia di migliaia di persone a riunirsi il 21 settembre 2004 in una preghiera collettiva per la pace nel mondo. Nel Suo discorso, quel giorno, Amma affermò: "Oggi il bisogno di pregare e di svolgere pratiche spirituali è grande come mai prima d'ora". Durante tutto il tour d'Europa, nell'ottobre e novembre 2004, in ogni città che ha visitato, Amma ha guidato i Suoi figli in preghiere collettive per la pace e l'armonia per i tempi a venire.

Proprio poche settimane prima che il devastante tsunami colpisse l'Asia del sud, Amma disse ad alcuni discepoli di sentire che i giorni dopo Natale sarebbero stati molto difficili, arrivando a profetizzare addirittura che la giornata del 26 dicembre sarebbe stata particolarmente tragica per molte persone. La notte del 25, sentendo contemporaneamente il gracchiare dei corvi e il canto dell'usignolo, Amma divenne molto seria e disse alla Sua assistente che si trattava di un presagio nefasto. Quella settimana, Amma fu vista piangere mentre cantava i bhajan, in particolare uno che conteneva le parole *lokah samastah sukhino bhavantu*. Vedendola piangere, all'ashram molti versarono lacrime silenziose.

In verità, le azioni di Amma durante la giornata che precedette la tragedia dimostrano che Lei sapeva che stava per succedere qualcosa di terribile. Il 26 dicembre era il giorno fissato per il ritiro della pensione trimestrale data dall'ashram a 5000 donne povere del distretto di Alappad, l'area costiera intorno ad Amritapuri. Il giorno prima, intuitivamente, Amma aveva annunciato che la distribuzione della pensione per quelle donne sarebbe stata posposta di una settimana. Se Amma non avesse agito in questo modo, le vedove avrebbero lasciato i figli a casa per venire a ritirare la pensione e, senza nessuno a salvarli dall'arrivo dell'acqua, nel villaggio molti bambini sarebbero rimasti uccisi.

La distribuzione della pensione per le vedove dell'entroterra di Kollam, invece, non fu cancellata, ma Amma diede disposizione che non fosse effettuata nella sala dei bhajan, loro solita sede, ma presso il molo che si trova nella parte opposta dell'ashram, dove le barche si dirigono verso la terraferma. Immaginate quale caos ci sarebbe stato, se quella sala, che fu completamente allagata, fosse stata piena di donne in attesa della pensione? In quel modo, invece, quando arrivò l'acqua, la sala dei bhajan era quasi vuota.

Di solito, come ogni domenica, Amma avrebbe dovuto dare il darshan in quella sala, dove si sarebbero radunate almeno 15.000 persone; invece, un'ora prima di cominciare, Amma disse che il darshan si sarebbe tenuto nella vecchia sala di preghiera (che si trova a un piano e mezzo di altezza). Grazie a ciò, la sala principale era quasi vuota quando arrivo l'acqua.

Ancora oggi, quando Le chiediamo se è onnisciente, Amma scuote semplicemente il capo e ridendo, afferma: "Io non so niente. Sono solo una pazza ragazza". Un Vero Maestro non si vanta mai della propria grandezza. Come dice Amma, se abbiamo ammucchiato dello zucchero in un angolo, è necessario mettere un cartello sul mucchio con scritto: "Zucchero"? È ovvio che si tratta di zucchero, e continuerà ad essere tale anche se qualcuno si avvicina e dice che non è zucchero, ma sale. Questa persona perde l'opportunità di gustarne la dolcezza, perfino se davanti le si forma una fila di persone che sa che si tratta di zucchero e nient'altro che zucchero.

Poco prima che la guerra del Mahabharata cominciasse, il Signore Krishna fece un ultimo tentativo per evitarla, viaggiando solo e disarmato come messaggero dei retti Pandava fino alla corte dei demoniaci Kaurava. Quando presentò la sua richiesta di pace, Duryodhana, principe dei Kaurava, rifiutò di ascoltarlo e ordinò di legarlo e condurlo via. Esauriti tutti gli altri metodi, Krishna rivelò a Duryodhana la propria *vishwarupa*, la forma cosmica, proprio lì, a corte.

Ma Duryodhana non restò affatto impressionato nel vedere l'intero universo rivelato nella forma di Krishna, non credette ai propri occhi e si beffò di Krishna dandogli del banale stregone.

Più tardi, sul campo di battaglia, Krishna mostrò la stessa forma cosmica ad Arjuna mentre gli impartiva la *Bhagavad Gita*. Arjuna rimase stupefatto e cadde ai piedi di Krishna, implorando il perdono del Signore per ogni parola rivoltaGli distrattamente considerandolo suo pari. La visione della forma di Krishna intimorì Arjuna ma lo ispirò anche a prendere rifugio soltanto in Krishna.

Perfino quando Dio si rivela davanti a noi, non tutti lo riconoscono. Come disse Gesù: "Coloro che hanno occhi per vedere, vedranno". ❖

Capitolo 16

La luce della consapevolezza

olte persone mi hanno confidato che dopo avere conosciuto Amma, improvvisamente si è manifestato in loro
un numero di tendenze e pensieri negativi superiore a
prima, tanto da far diminuire l'ispirazione che avevano provato
all'inizio delle loro pratiche spirituali. A questo proposito, Amma
afferma che, in verità, le inclinazioni negative erano già presenti,
ma non se ne era consapevoli, o che esse giacevano sopite nella
mente subconscia in attesa delle circostanze favorevoli per manifestarsi. Per illustrare questo punto, Amma racconta la seguente
storia.

Durante un viaggio sull'Himalaya, un uomo trovò sul lato
della strada un serpente arrotolato che, congelato dal freddo, non
riusciva neppure a muoversi di un centimetro. Preoccupato per
la salute del serpente, l'uomo cominciò ad accarezzarlo e poiché
sembrava gentile e inerme decise di portarlo con sé. Sulla via
del ritorno pensò che il rettile avesse freddo e decise di scaldarlo
infilandoselo sotto l'ascella. Lentamente il serpente assorbì il
calore del corpo dell'uomo, uscì dall'ibernazione e lo morse con
i denti velenosi.

Nello stesso modo, in assenza della situazione appropriata, le tendenze negative non si manifestano immediatamente;
alla presenza di un Vero Maestro come Amma, però, si creano
spontaneamente le circostanze che mettono in mostra anche le
nostre vasana ibernate. Queste disposizioni negative potranno

essere trasformate e infine trascese solo se portate alla luce della consapevolezza.

In presenza di Amma si verificano situazioni che possono fare emergere i nostri sentimenti negativi di rabbia, risentimento e gelosia: mentre stiamo osservando il darshan di Amma, per esempio, possiamo arrabbiarci con chi ci blocca la visuale, o sentirci gelosi di una persona cui Amma presta più attenzione; ci può essere chiesto di non stare in piedi o seduti nel posto prescelto... tutte queste circostanze sono opportunità nelle quali possono rivelarsi le nostre negatività.

Ogni anno, per due mesi, Amma compie un tour dell'India del nord e poiché sono molte le persone che vogliono accompagnarLa, nel corso degli anni si è passati da uno o due piccoli bus a una grande carovana di sei o sette pullman, oltre a un numero crescente di veicoli più piccoli. Durante uno di questi tour, uno dei pullman ebbe un guasto, e i suoi passeggeri dovettero essere distribuiti sugli altri bus. Poiché era uno dei tragitti più lunghi e i bus erano diventati strapieni, l'aggiunta di stress e tensione causò la nascita di discussioni tra i passeggeri. Durante una breve sosta del viaggio, Amma salì su uno dei pullman e fece a tutti una specie di discorso di incoraggiamento. Disse che è necessario ricordare che ogniqualvolta una persona ci infastidisce o ci critica si tratta semplicemente di Amma che sta lavorando su di noi sotto forma di quella persona. Più tardi, un passeggero seduto su quell'autobus mi disse che la persona seduta dietro di lui aveva continuato a fare lo stesso sbaglio per tutto il tour: ogni volta che aveva cercato qualcosa nella valigia, posta sul portabagagli superiore, gliela aveva fatta cadere in testa. Ciò si era ripetuto in molte occasioni, due o tre volte per tappa. Mi riferì di essere riuscito a essere amorevole e gentile le prime volte, ma che alla fine era arrivato al punto di gridare all'altro passeggero: "Adesso basta, idiota! Che cavolo fai?"

Ma dopo che Amma era salita sull'autobus e aveva parlato a tutti, questa persona era riuscita ad accettare con un sorriso il comportamento dell'altro passeggero, anche se costui aveva continuato allo stesso modo.

Talvolta, durante i programmi del darshan del pomeriggio, Amma chiede ai responsabili di fermare la fila del darshan intorno alle 17.30 poiché il programma serale inizia alle 19.30 e nella pausa di solito sono stati già fissati numerosi incontri importanti.

Gli incaricati della fila ubbidiscono chiedendo ai devoti di non aggiungersi alla coda, ma spesso incontrano delle resistenze: tutti vogliono subito il darshan e hanno delle scuse. Naturalmente, ciascuno ha i suoi problemi, perciò è con grande difficoltà che i responsabili, e qualche volta anche i brahmachari e gli swami, cercano di aiutare le persone a comprendere che potranno tornare la sera, o il giorno dopo, se non possono partecipare di notte. In ogni caso, spesso esse non danno ascolto e aspettano semplicemente ai lati della sala coi musi lunghi. Vedendoli in quello stato, Amma chiede di riaprire la fila ad altre 15 persone, poi la fila viene nuovamente chiusa e riaperta altre tre o quattro volte. Talvolta i devoti si arrabbiano con i responsabili: "Che cosa state facendo, ci chiamate per il darshan e poi ci bloccate?"

Nelle sale predisposte con una fila del darshan su entrambi i lati e un corridoio di uscita al centro, Amma non vuole che la gente si sieda nel passaggio centrale, per permettere a chi ha ricevuto il darshan di potersi allontanare. Un giorno Amma ricordò ai responsabili della fila di assicurarsi che durante il programma serale nessuno si sedesse nel passaggio centrale, e perciò quel pomeriggio, durante la preparazione, essi furono molto scrupolosi nel verificare che nessuno fosse seduto all'interno dei cordoni che delimitavano il corridoio centrale.

Quando Amma arrivò per il programma, vedendo la zona centrale completamente vuota, mi chiese: "Perché c'è tutto quello spazio vuoto? Annuncia che chi vuole può sedersi lì". In un attimo quella zona fu riempita da tutti quelli che non aspettavano altro. Il giorno seguente, i responsabili della fila decisero di conseguenza che non avrebbero costretto le persone a stare fuori dal corridoio centrale, visto che la sera prima Amma aveva invitato le persone a sedervisi. Questa volta, però, appena arrivata, Amma chiese: "Perché avete sistemato le persone nella zona centrale? Ieri vi avevo detto di non farlo; perché oggi le avete fatte sedere?"

I responsabili risposero: "Ma ieri noi non avevamo sistemato nessuno lì! Sei stata Tu a chiamare la gente, e noi abbiamo pensato che oggi volessi la stessa cosa!"

Amma replicò: "Fate solo quello che vi dico di fare e non preoccupatevi di quello che faccio dopo".

Attraverso istruzioni e comportamenti apparentemente contraddittori, Amma crea delle situazioni nelle quali emergono le disposizioni e le tendenze negative dei responsabili della fila. Affrontando una serie di situazioni simili, essi hanno imparato a coltivare la pazienza, l'attitudine alla resa, la gentilezza e altre qualità mentali positive. In questo modo, Amma aiuta la loro crescita spirituale, e anche le persone che ricevono dai responsabili le istruzioni contraddittorie avute da Amma, hanno l'opportunità di sviluppare le stesse qualità.

Ci sono molti casi di Maestri che usano la contraddizione come uno strumento per illuminare il discepolo. Questo è uno dei princìpi fondamentali della tradizione del Buddhismo Zen. I maestri Zen si rivolgono ai loro discepoli attraverso i *koan,* ovvero domande che non hanno una risposta logica, al fine di indurre i discepoli ad abbandonare l'intelletto e a prendere contatto con la Pura Coscienza che lo trascende. Per esempio, il Maestro Zen Shuzan mostrò a un discepolo il suo corto bastone e gli disse: "Se consideri corto questo bastone, ti opponi alla sua Realtà. Se non lo chiami corto, ignori i fatti. Ora, come vuoi chiamarlo?"

Uno dei più noti esempi di questo tipo di insegnamento si trova nella storia di Marpa e del suo discepolo preferito Milarepa. Dopo una tormentata infanzia e un'adolescenza violenta, contrassegnata dal desiderio di vendetta, Milarepa raggiunse il distacco dal mondo e avvicinò il famoso Guru Marpa per avere delle istruzioni spirituali. Marpa però non lo accettò subito come discepolo. In primo luogo, gli disse che voleva che costruisse una struttura di pietra su un'alta sporgenza rocciosa che dominava la sua proprietà. Spinto da una grande sete di conoscenza della verità, Milarepa afferrò al volo l'opportunità di servire il suo Guru anche se per costruire la torre, senza l'aiuto di nessuno, dovette trascinare a piedi tutti i macigni e le pietre da una cava vicina. Fu un lavoro estenuante che occupò mesi di intensa fatica. Un giorno, mentre stava lavorando, Marpa arrivò a controllare il suo lavoro, osservò di sfuggita la torre e poi chiese a Milarepa di abbatterla e di riportare tutti i massi e le rocce dove li aveva trovati. Aggiunse di avere cambiato idea e di volere che una nuova struttura fosse costruita altrove. Ripeté la stessa cosa svariate volte finché Milarepa non ebbe eretto una grande torre di nove piani (che si è mantenuta fino a oggi). Per tutta la durata di questo compito arduo e apparentemente senza senso, Milarepa fece sforzi poderosi senza mai perdere fiducia nel fatto che avrebbe ricevuto le istruzioni che stava cercando. Trasportò massi che avrebbero normalmente richiesto le forze congiunte di tre uomini; fece sforzi così sovrumani nel trasportare rocce e malta che la sua schiena divenne un'unica grande piaga; si lacerò e lese completamente braccia e gambe, e tuttavia continuò a lavorare, sperando ogni giorno di ricevere la benedizione di qualche insegnamento spirituale. Spinto dalla compassione, Marpa gli mostrò come bendare la schiena e gli permise di riposare mentre il corpo guariva, ma non lasciò mai che si sottraesse anche a una sola delle costruzioni che aveva stabilito dovesse completare.

Milarepa perseverò per anni, ma alla fine abbandonò ogni speranza di essere accettato come discepolo e lasciò l'ashram di Marpa, progettando di non ritornarvi mai più. Tutti si aspettavano che Marpa fosse indifferente alla sua partenza, poiché non aveva mai dimostrato nessun evidente affetto verso Milarepa. Ma quando Marpa udì la notizia, scoppiò a piangere dicendo: "Richiamatelo, per amor di Dio! Lui è il discepolo che mi è più caro".

Quando infine Marpa accettò Milarepa come suo discepolo, gli disse che a causa delle azioni atroci che aveva compiuto da giovane non aveva avuto altra scelta che trattarlo in quel modo, nonostante lo avesse sempre amato profondamente e avesse scorto subito il suo grande potenziale. Le istruzioni apparentemente contraddittorie e insensate di Marpa erano servite solo ad aiutare Milarepa a liberarsi dalle catene delle sue azioni passate.

Swami Paramatmananda riferisce una storia simile tratta dalle sue prime interazioni con Amma. Un giorno, Amma decise che era tempo di costruire due capanne in aggiunta a quella che c'era già, poiché era diventata necessaria qualche altra stanza, considerato l'arrivo di nuovi residenti fissi.

Swami Paramatmananda era responsabile della supervisione del lavoro. Dopo aver disegnato il progetto, lo mostrò ad Amma ed ebbe la Sua approvazione. Il progetto consisteva in tre capanne che guardavano ciascuna da una parte diversa, disposte a U. Egli pensò che questo avrebbe risparmiato spazio e consentito alla brezza di entrare attraverso le porte di entrata di ciascuna capanna. In segreto, era molto orgoglioso del progetto e del modo in cui si stava materializzando.

Poche ore dopo l'inizio del lavoro, Amma passò di lì, vide il modo in cui erano state costruite le capanne e improvvisamente esclamò: "Chi ha detto di costruire le capanne in questo modo?" Tutti indicarono Swami Paramatmananda, che ricordò ad Amma di averLe mostrato il progetto e ricevuto la Sua approvazione.

"Non ricordo di aver visto nessun progetto. Tirale giù! Nessuno può costruire delle capanne che non si affaccino le une verso le altre. Sai pensare solo al tuo comfort, a come avere una bella brezza! Non ti importa niente delle regole tradizionali che non consentono di costruire capanne in questo modo?" Dicendo questo, Amma abbandonò il luogo dei lavori.

Swami Paramatmananda ordinò agli operai di demolire tutto il lavoro fatto quel mattino, ma dopo un po', Amma ritornò. Osservando gli operai che avevano cominciato a smantellare le capanne, disse: "Che cosa stanno facendo? Digli di ricostruirle nel modo progettato in origine, altrimenti come fa la brezza a entrare nelle capanne?"

"Ma Amma, e le norme tradizionali?", chiese Swami Paramatmananda.

"Norme? Non ci sono norme per costruire le capanne. Quelle valgono solo per gli edifici normali".

Un osservatore avrebbe potuto pensare che Amma fosse pazza, ma Swami Paramatmananda capì che tutta la situazione non era altro che un modo con cui Amma cercava di portare allo scoperto il suo orgoglio, aiutandolo a superarlo.

Le circostanze create da Amma sono il metodo migliore e più rapido per far maturare la nostra mente. Amma infatti paragona il Suo ashram a Kurukshetra, il campo di battaglia dove, con i rispettivi eserciti, i cinque Pandava dichiararono la guerra del Mahabharata ai 100 Kaurava. Pur essendo dalla parte del dharma, i Pandava erano largamente inferiori di numero ai Kaurava, e il loro esercito era più piccolo, ma grazie al Signore Krishna che stava dalla loro parte, prevalsero sui Kaurava.

Si dice che questo rappresenti simbolicamente il rapporto esistente tra inclinazioni positive e negative all'interno della maggior parte di noi. Anche se le nostre negatività possono sembrare più forti e numerose delle buone qualità, con la grazia di un Vero

Maestro potremo dichiarare loro una guerra che non consisterà in una sola battaglia da vincere o perdere, ma in uno scontro che dovremo combattere molte volte al giorno – effettivamente, in ogni momento della nostra vita.

Qualche volta siamo consapevoli delle nostre tendenze negative senza sentire il bisogno di liberarcene. Tutti noi abbiamo incontrato qualcuno che sembra felice di essere depresso, e tutti abbiamo fatto l'esperienza di trovare giustificazioni alla nostra collera verso gli altri. Dopo esserci arrabbiati con qualcuno, in certe occasioni ci sentiamo perfino bene per avergli espresso la nostra opinione.

Una volta, mentre guidava lungo un'autostrada, un uomo vide un tale dall'aspetto sconvolto armeggiare con il motore di un camion in panne. Decise allora di accostare l'auto e di vedere se poteva dare una mano.

"Non mi intendo molto di motori", spiegò all'appiedato camionista, "ma posso esserle d'aiuto in qualche modo?"

"Sì, sì!", esclamò il camionista. "Vede, ci sono due coccodrilli nella retro del camion che soffrono molto di claustrofobia. Non posso lasciarli a lungo chiusi là dentro. Per favore, potrebbe portarli allo zoo il prima possibile?"

"Nessun problema", disse l'uomo. Il camionista lo aiutò a far salire i coccodrilli nel sedile posteriore della sua auto e a legarli nel migliore modo possibile; quindi l'uomo partì alla volta dello zoo.

Circa due ore dopo, il camionista, ancora fermo sul lato della strada, vide lo stesso uomo che guidava veloce nella direzione opposta, sempre con i coccodrilli a bordo, anzi, questa volta, uno di essi stava nel posto del passeggero.

Il camionista gli fece cenno di fermarsi. "Ma è pazzo?! Le ho detto di portare i coccodrilli allo zoo!"

"Siamo già stati allo zoo", spiegò l'uomo con entusiasmo, "e ci siamo divertiti così tanto che ora stiamo andando al cinema!"

In modo analogo, noi restiamo in compagnia dei nostri peggiori nemici, la gelosia, la rabbia, l'orgoglio e la lussuria, ignorando che possono divorarci in ogni momento. Per superare le vasana, dobbiamo essere in grado di vedere gli effetti dannosi che hanno su di noi e sugli altri: anche se noi ci sentiamo a nostro agio con esse, possiamo essere certi che per gli altri non è lo stesso!

Un giorno, un vicino fece visita al Mullah Nasrudin e gli chiese in prestito l'asino.

"Mi dispiace", disse il Mullah, "l'ho già prestato".

Aveva appena finito di parlare che dalla stalla arrivò il suono del raglio di un asino.

"Ma Mullah, lo sento ragliare!"

"Vergognati!", protestò indignato il Mullah. "Per te la parola di un asino vale più della mia?"

Nello stesso modo, anche noi ci aggrappiamo ostinatamente al nostro punto di vista e troviamo il modo di giustificarlo anche quando gli altri ci dimostrano che abbiamo torto.

Amma afferma che si può restare seduti in una caverna a meditare per molte ore al giorno, ma che quando si esce sarà ancora possibile perdere la calma o sentirsi disgustati o gelosi nei confronti degli altri, dissipando così inutilmente molta dell'energia spirituale accumulata. Amma fa spesso l'esempio del saggio Vishwamitra, che compì austerità per migliaia di anni. Aveva tuttavia un temperamento molto collerico e, ogni volta che usciva dalla meditazione, perdeva molto facilmente le staffe. Per recuperare l'energia perduta, allora, doveva sedere in meditazione per molti anni ancora. Alla fine raggiunse la Realizzazione del Sé, pur impiegando molto più tempo di quello che avrebbe speso se fosse stato capace di superare prima la sua abitudine di arrabbiarsi.

Questa è la ragione per cui oltre alla meditazione e alle altre pratiche spirituali personali, Amma dà molta importanza all'aiutare e al lavorare con gli altri, perché quando si vive e lavora con gli altri, si è in grado di scoprire e superare tendenze negative delle quali non si sarebbe neppure mai stati consapevoli.

C'è una storiella su una conversazione tra due monaci di tradizioni differenti. Un monaco chiese all'altro: "Qual è la tua disciplina spirituale?"

"Oh, io ho una disciplina molto severa. Mi alzo alle due del mattino e canto e prego fino all'ora di colazione; in verità, spesso non faccio neppure colazione e inoltre digiuno più di 100 giorni l'anno. Oggi posso parlare con te solo perché tu mi hai rivolto la parola, infatti osservo quasi sempre un voto di silenzio e vivo in solitudine".

"Oh, è una disciplina molto rigida…", commentò il primo monaco.

"Perché dici così?", chiese il secondo monaco. "Sicuramente tu farai più o meno lo stesso".

"Non proprio", confessò il primo monaco mestamente.

"Ma allora che cosa fai?", domandò il secondo monaco.

"Vivo in comunità con altri 100 monaci", disse semplicemente il primo.

Nell'udire questo, il secondo monaco disse: "Mi inchino a te, fratello. La tua disciplina è molto più grande della mia".

Sebbene praticasse molte più austerità, il secondo monaco considerava più grande la rinuncia del primo monaco, solo perché era capace di vivere e lavorare insieme ad altri monaci.

Il sistema medico ayurvedico considera le medicine solo come il 50 per cento del trattamento, e chiama l'altra metà *pathyam*. Questa si riferisce alle discipline da seguire relative alla dieta, il riposo, il bagno, eccetera, e senza le quali le medicine non saranno efficaci. Nello stesso modo, le pratiche spirituali rappresentano soltanto il 50 per cento della spiritualità: il resto consiste nel superamento delle negatività della mente e nel modo in cui si risponde alle varie situazioni della vita.

Amma dice: "È importante che riconosciate e accettiate quello che siete – ignoranti, illetterati, colti, etici o egoisti". Per fare un vero progresso, si deve cominciare guardando onestamente se stessi e i propri errori. Il famoso musicista jazz Rafi Zabor una volta ha detto: "Dio parla a bassa voce quando può, e forte quando deve". In un modo o nell'altro, il compito del Guru è di aiutarci a superare questi difetti. Talvolta – ogni volta che sia possibile – il Guru lo farà con gentilezza, ma in certi momenti dovrà prendere misure drastiche per aiutarci a vedere e trascendere i nostri lati negativi. Per illustrare questo punto Amma racconta la storia seguente.

Una volta, un Guru e il suo discepolo stavano facendo ritorno all'ashram dopo una visita a un villaggio che aveva richiesto un lungo cammino: stavano infatti camminando da molte ore. Attraversando una foresta fresca e ombrosa, il discepolo, che aveva sofferto a lungo in silenzio e non poteva resistere oltre, chiese finalmente al suo Maestro se potevano stendersi e riposare un poco. Il Guru rispose gentilmente che sarebbe stato meglio se avessero continuato, ma di fronte all'insistenza del discepolo il Guru, intenerito, cedette. Dopo un po' il Guru si rialzò, ma il discepolo che nel frattempo si era totalmente arreso alla stanchezza, si lamentò vivamente: "Non posso muovermi neppure di un centimetro! Maestro, non voglio tenerti lontano dall'ashram, ma lascia che io riposi fino a domani in questa bella foresta fresca". Il Guru accettò e continuò il cammino da solo. Uscito dalla foresta, si imbatté in una famiglia di contadini che stava lavorando nei campi. All'improvviso decise di rapire uno dei figli e, con la bambina in braccio, tornò di corsa nella foresta nella direzione da cui era venuto, mentre dietro di lui si alzavano le grida e i pianti dei familiari che avevano scoperto il rapimento della cara figliola e che incitavano i vicini a unirsi a loro per liberarla.

Il Guru raggiunse il discepolo, che stava dormendo profondamente, posò a terra gentilmente la bambina e le chiese di mettersi seduta vicino al discepolo. La piccola ubbidì volentieri e il Guru scomparve.

Accadde allora che gli inseguitori, arrivando presso il discepolo addormentato e vedendo la bambina lì seduta, supposero ovviamente che il rapitore fosse proprio lui e lo svegliarono senza perdere tempo: quando su di lui cominciarono a piovere colpi, il discepolo rotolò via e balzò in piedi, scappando a gambe levate verso la salvezza dell'ashram. E fu così che il discepolo, che poco prima aveva affermato di non potersi muovere neppure di un centimetro, arrivò all'ashram prima del Guru!

In questo caso, il Guru cercò dapprima di correggere il discepolo con gentilezza, ma poiché non aveva avuto successo, dovette ricorrere a metodi più duri.

Anche dopo essermi unito all'ashram, dietro consiglio di Amma continuai a lavorare in banca per parecchi anni, e non potevo così partecipare alle lezioni sulle Scritture che tutti gli altri brahmachari avevano già cominciato a frequentare, perché si svolgevano in orario di lavoro. Quando dal lavoro tornavo all'ashram, davo un'occhiata ai loro appunti e cercavo di assorbirli più che potevo.

Un giorno, un mio fratello spirituale mi stava consigliando su come ci si deve comportare di fronte al Guru, dicendomi che si deve fare attenzione perfino al linguaggio del corpo: non stare orgogliosamente in piedi, non guardare direttamente il Guru negli occhi, parlare sempre in tono sommesso, ecc. Mi spiegò, inoltre, che anche se il Guru ci accusasse ingiustamente di un errore, non dovremmo mai protestare o cercare delle scuse, perché quello è semplicemente il metodo del Guru per evidenziare le tendenze negative del discepolo.

Poiché egli aveva già cominciato a studiare le Scritture, io ascoltavo le sue parole con grande attenzione; all'improvviso Amma lo chiamò nella Sua stanza e lui mi lasciò solo. Dopo alcuni minuti, però, potei udire le voci di Amma e del brahmachari: quello stesso che poco prima mi aveva informato sul modo appropriato di comportarsi in presenza del Guru, ora parlava con un tono di voce molto più alto di quello di Amma. Quando corsi nella stanza per capire quello che stava accadendo, trovai il brahmachari che reagiva con veemenza a qualcosa che Amma gli aveva appena detto. Vedendomi, probabilmente ricordò il consiglio datomi poco prima, perché, imbarazzato, abbassò la voce e ammorbidì il tono. Capì all'istante che Amma aveva creato la situazione solo per verificare se lui avrebbe messo in pratica quello che stava predicando.

Nel gennaio del 2003, l'ashram completò la costruzione di un gruppo di 108 case a Rameshwaram, nel Tamil Nadu, e le assegnò a famiglie locali che non avevano un alloggio. Più tardi, il Presidente dell'India, il dott. A.P.J. Abdul Kalam, nativo di Rameshwaram, fece visita alla colonia e, impressionato dall'imponenza del lavoro, decise di donare all'ashram di Amma 10 mesi del suo stipendio di Presidente. Quel denaro fu usato per aiutare l'ashram a costruire un reparto chirurgico aggiuntivo nell'ospedale statale a Rameshwaram. Quando i lavori furono quasi ultimati, e prima di consegnare la nuova sala all'ospedale governativo come pianificato, un brahmachari che era assegnato a Rameshwaram, informò Amma che il Presidente aveva programmato di fare presto un'altra visita. Amma ricevette la notizia mentre stava dando il darshan e suggerì a un devoto seduto lì vicino che il Presidente poteva essere invitato per inaugurare il nuovo reparto chirurgico dato che si trovava a Rameshwaram. Il devoto immediatamente corse per cercare di contattare l'ufficio del Presidente.

Quando il devoto chiamò, fortunatamente la segretaria del Presidente era in ufficio e gli assicurò che avrebbe senz'altro riferito l'invito al Presidente, dal momento che egli aveva già incontrato Amma numerose volte nel passato. Meno di mezz'ora dopo, la segretaria richiamò il devoto e disse che il Presidente aveva gentilmente accettato di fare una breve visita per l'inaugurazione del reparto chirurgico, il giorno del suo arrivo a Rameshwaram.

Il devoto era in estasi, pensando che Amma si sarebbe certamente congratulata con lui per aver organizzato ogni cosa così rapidamente. Si precipitò nella sala del darshan per informare Amma del suo successo, ma quando fu al Suo fianco, si accorse che Amma non lo guardava neppure e non perché avesse fretta di terminare il darshan, tutt'altro: infatti parlava a lungo con ciascun devoto che veniva al darshan e rideva e scherzava con gli altri brahmachari e devoti che Le erano vicini, ma evitava di rivolgere lo sguardo a questo particolare devoto come se fosse invisibile. Il devoto era stupefatto perché pensava che Amma fosse ansiosa di sentire i risultati del suo importantissimo compito. Dopo circa un'ora di silenzio, il devoto non ce la fece più e disse ad Amma: "Il Presidente ha accettato di inaugurare il reparto di chirurgia. Puoi credere che ho sistemato la cosa in meno di un'ora?"

Amma gli rispose: "Non pensare di aver fatto qualcosa di speciale: ogni cosa si realizza solo per grazia di Dio".

Dopo aver udito le parole di Amma il devoto ritrovò istantaneamente la sua umiltà, comprendendo che anche prima di assegnargli quel compito Amma sapeva già quale sarebbe stato il risultato, e che gli aveva chiesto di svolgerlo soltanto per offrirgli una possibilità di compiere un servizio disinteressato e di imparare una lezione importante.

Amma è l'incarnazione dell'umiltà: agirà umilmente solo finché ciò sarà utile a sviluppare la nostra stessa umiltà; quando, però, la Sua umiltà comporterà una crescita del nostro ego, Ella dovrà assumere il ruolo dell'insegnante ed evidenziare direttamente i nostri errori.

Nei primi anni dell'ashram, avevamo una fossa biologica che bisognava svuotare manualmente e che durante le festività si riempiva al punto da traboccare. In quelle occasioni, tutti si tappavano il naso quando passavano di là e notavano quanto fosse disgustoso l'odore che emanava, ma nessuno era mai disposto a svuotare la fossa.

Una volta, il giorno seguente una festività, mentre tutti i devoti se ne erano andati ed erano rimasti solo i brahmachari, ci stavamo preparando per i bhajan. Di solito Amma non mancava mai ai bhajan serali, ma in quel giorno particolare, quando fu l'ora di iniziare i canti, Amma non era ancora arrivata. Fedele alla disciplina dell'ashram, uno dei brahmachari cominciò a cantare e noi ci unimmo a lui. Ma dopo un canto e poi un altro, iniziammo a chiederci che cosa stesse accadendo. Uno di noi si alzò e andò nella stanza di Amma, ma ritornò dicendo che non era neppure là. Alla fine, qualcuno La trovò nella zona allagata della fossa biologica, mentre stava cercando di sollevare la lastra di cemento che copriva la buca. Questa persona corse ad informarci, ma quando arrivammo, Amma era già riuscita a rimuovere la copertura e stava raccogliendo i liquami, un secchio alla volta.

Noi ci sentimmo male nel vedere Amma che svolgeva il lavoro che tutti noi eravamo stati recalcitranti a fare; sapevamo che la cosa giusta era saltare dentro e aiutarLa, ma eravamo anche riluttanti, e Amma non ci chiese nulla. Alla fine, un brahmachari saltò dentro la fogna e cominciò ad aiutare Amma, mentre due di noi, per evitare di entrare nella fossa, ebbero la brillante idea di restarsene fuori e portare i secchi fino al canale. Poiché quel compito era stato preso, il resto di noi non ebbe altra scelta che entrare nella fossa. Durante questo lavoro, Amma e noi eravamo immersi negli escrementi, ma vedendo il Suo atteggiamento di beata indifferenza – sembrava che stesse semplicemente tirando fuori acqua pura – anche noi perdemmo gradualmente il disgusto nei confronti di quel lavoro.

Da allora, i brahmachari pulirono la fossa ogni volta che era piena, senza neppure essere invitati a farlo. E Amma era sempre lì con noi.

Le preziose lezioni raccolte nel corso di tali esperienze sono rimaste con me fino ad oggi. Nell'ultima giornata di *Amritavarsham50*, la celebrazione del 50esimo compleanno di Amma, ebbi la responsabilità di dare il benvenuto e di presentare il Presidente dell'India alle centinaia di migliaia di devoti e ammiratori di Amma riuniti nello stadio.

Amma raggiunse i Suoi figli nello stadio di *Amritavarsham50* alle 9.30 del 27 settembre e dopo una premiazione, alcuni discorsi e programmi culturali, cominciò a dare il darshan e lasciò lo stadio soltanto alle 8.00 del mattino dopo – quasi 24 ore dopo, 19 passate a dare il darshan senza sosta. Anche se si trattava del Suo compleanno, fu sempre Amma a dare di più – il dono supremo di Se stessa.

Quando finalmente Amma si alzò, dopo quella maratona di darshan, c'era un bellissimo silenzio. Ella guardò tutto lo stadio e le migliaia e migliaia di figli che ancora La circondavano e alzò le mani nell'ultimo *pranam*. Molte persone si aspettavano che crollasse esausta, ma al contrario, Amma accettò un paio di nuovi *kaimani* che qualcuno Le porse e suonò un ritmo semplice e gioioso – come per dare la battuta a danzatori che soltanto Lei poteva vedere – mentre usciva dal palcoscenico con un sorriso rilassato e beato sul volto. *Amritavarsham50* era terminato.

Più tardi, quel giorno, mi trovavo nell'auto con cui Amma stava ritornando all'ashram: ero molto felice che le celebrazioni avessero avuto un così grande successo; non provavo orgoglio, veramente... se c'era un sentimento di fierezza era per Amma e per tutto l'ashram, piuttosto che per me stesso. Ero meravigliato dalla grandezza dell'evento e insieme mi sentivo molto lieto di aver avuto il privilegio di presentare il Presidente dell'India. Sulla via del ritorno all'ashram, Amma mi assegnò il compito successivo. Mi fece notare che più di 50 scuole di Cochin erano state utilizzate per alloggiare i devoti che avevano partecipato alle celebrazioni, e ora che le scuole stavano per ritornare agli studenti, dovevamo assolutamente accertarci che fossero state pulite a fondo. In modo particolare, Amma disse che bisognava pulire perfettamente i bagni e i gabinetti che erano stati usati da migliaia di persone, e volle che io personalmente controllassi il lavoro di pulizia. Detto questo, fermò l'auto a metà strada e mi chiese di scendere e di ritornare immediatamente a Cochin.

Mentre ascoltavo le istruzioni di Amma, ero certo che avesse percepito il compiacimento che provavo per aver presentato il Presidente e che volesse assicurarsi che non sviluppassi alcun sentimento di orgoglio o egocentrismo. Dunque passai dalla presentazione del Presidente, un giorno, alla pulizia di dozzine di gabinetti sporchi, il giorno dopo. Se la stessa cosa mi fosse accaduta anni addietro, mi sarei sentito malissimo, ma ora ero in grado di trarre ispirazione non solo dall'esempio precedente in cui Amma aveva pulito la fossa biologica, ma in misura ancora maggiore da un più recente esempio verificatosi ad Amritapuri.

Prima che le celebrazioni di *Amritavarsham50* cominciassero, ci fu un flusso apparentemente senza fine di dignitari che volevano incontrare Amma privatamente. Un mattino, subito dopo aver finito gli incontri con molti ministri del governo e con altre autorità, Amma scese dalla sua stanza e cominciò ad aiutare alcuni devoti a cucire insieme dei sacchi di plastica per fare delle tende da utilizzare nelle centinaia di gabinetti pubblici che l'ashram stava costruendo all'interno e intorno allo stadio, nelle scuole e negli altri luoghi di accoglienza dove avrebbero soggiornato i devoti presenti alle celebrazioni. Pur conoscendo Amma da così tanti anni, fui davvero sorpreso: Amma non esitava a fare il più umile dei lavori, pur avendo appena terminato di incontrare molti importanti funzionari e quadri dirigenziali. Sebbene già sapessi che Ella non trascura neppure il più piccolo dettaglio e non considera nessun lavoro inferiore, Amma non cessa mai di sorprendermi con la profondità della Sua umiltà e l'ampiezza della Sua visione. Per me, una cosa era che Amma fosse pronta a pulire la fossa biologica quando questo era solo un umile eremitaggio con pochi brahmachari che vivevano in capanne, e una cosa ben diversa che Ella fosse disponibile a svolgere lo stesso tipo di lavoro quando ormai c'erano così tanti dignitari in fila per incontrarLa. Ma per Amma era lo stesso. ❖

Capitolo 17

La grazia fluisce verso i cuori innocenti

U n devoto del Tamil Nadu, povero e anziano, era solito svolgere il suo seva nei giardini dell'Amrita Vidyalayam di Amma (scuola elementare) di Madras e pur essendo davvero indigente non accettava alcun denaro per i suoi servizi. Un giorno, un parente gli regalò due camice nuove e due dhoti bianchi e poiché i suoi vecchi indumenti erano molto consumati, egli decise di tenere un completo per sé e di conservare l'altro nella stanza della puja davanti alla foto di Amma, come d'abitudine, aspettando il giorno in cui L'avrebbe rivista e Glielo avrebbe offerto.

Quasi un anno dopo, finalmente, il devoto ebbe l'opportunità di far visita ad Amritapuri e quindi prese con sé il completo di vestiario. Mentre si trovava in fila per il darshan e si stava avvicinando ad Amma, però, cominciò a sentirsi nervoso all'idea di offrire quei vestiti ad Amma: in fondo si trattava di un completo da uomo!

Quando fu vicino ad Amma, Le offrì esitante il pacco. Amma lo aprì e all'interno trovò la camicia bianca e il dhoti nuovi. Con grande sorpresa di tutti, anziché benedire gli indumenti e passarli a un'assistente, Amma indossò immediatamente la camicia sul Suo sari e, così abbigliata, continuò a dare il darshan per ore. Più tardi, Amma disse che aveva deciso spontaneamente di indossare la camicia vedendo l'innocenza del devoto. Mentre osservavo questo episodio, mi ricordai di una storia analoga accaduta durante la vita del Signore Krishna.

C'era un grande devoto del Signore Krishna di nome Kuchela che era stato amico d'infanzia del Signore e che era molto povero. Un giorno, sua moglie decise che non poteva più sopportare le ristrettezze economiche in cui si trovavano e suggerì a Kuchela di andare a trovare il Signore Krishna, che allora era re, e di chiederGli aiuto. Kuchela inorridì all'idea; rispose che Krishna era il Signore in persona e non poteva immaginare di chiedere al Signore nient'altro che maggiore devozione. Sua moglie, però, continuò a insistere per giorni e settimane e, alla fine, per salvare i figli dalla fame, Kuchela accettò almeno di andare a trovare il Signore, pur non sentendosi ancora pronto a chiederGli qualcosa. Disse a sua moglie di non farsi troppe illusioni, perché era molto probabile che il Signore Krishna non lo avrebbe riconosciuto, né invitato a entrare. Inoltre, poiché non aveva nulla di prezioso da offrirGli, continuava a ripetere che non poteva andare dal Signore a mani vuote. Fu allora che sua moglie gli ricordò che lo spuntino preferito di Krishna quando era bambino era l'*avil* e quindi, prima che partisse, preparò una manciata di riso schiacciato da offrire al Signore.

Mentre stava uscendo di casa, la moglie gli consegnò il riso schiacciato, ma non aveva nulla in cui avvolgerlo e così lo legò in un angolo dello scialle di Kuchela. Gli ci vollero molti giorni di cammino prima di arrivare al palazzo di Krishna e la sua ansietà aumentava ogni ora di più, perché era certo che non sarebbe stato ammesso a palazzo.

Invece, accadde che Krishna vide Kuchela dalla sua residenza e si precipitò correndo al cancello per ricevere il suo vecchio amico d'infanzia e grande devoto. Krishna gli diede il benvenuto con gioia straripante, s'inginocchiò addirittura per lavargli i piedi che avevano camminato tanti giorni pur di rendergli omaggio. Kuchela si imbarazzò: non sopportava l'idea che il suo amato Signore gli lavasse piedi, ma Krishna fu irremovibile.

Poi, il Signore lo scortò all'interno del palazzo e lo invitò a sedere ricordando i giorni felici che avevano trascorso insieme a scuola, ai piedi del loro Guru. Più Krishna parlava e Kuchela osservava gli ambienti del palazzo del Signore, e più si convinceva di non poterGli assolutamente offrire il suo semplice dono di riso schiacciato. Ma, proprio mentre Kuchela cercava di nascondere l'offerta legata nell'angolo del suo scialle malconcio, Krishna afferrò lo scialle, lo slegò e prese in mano il riso schiacciato cominciando a mangiarlo con grande gusto. L'innocente devozione di Kuchela aveva reso deliziosa per il Signore la sua povera offerta di riso.

Kuchela lasciò Dwaraka pieno di gioia per aver ricevuto il darshan del Signore e così tanta gentilezza e affetto da parte Sua, ma avvicinandosi a casa cominciò a sentirsi triste ricordando la famiglia e i suoi bambini affamati. Inoltre temeva quello che avrebbe detto sua moglie scoprendo che a Krishna non aveva chiesto nulla.

Perso in questi pensieri, oltrepassò la sua casa senza notare che vi era avvenuta una grande trasformazione. In una notte, la sua povera baracca era diventata una dimora meravigliosa. Sua moglie lo vide passare e lo richiamò, riferendogli che all'improvviso la felicità e la prosperità erano piovute su di loro per grazia di Krishna.

Secondo la tradizione del Sanatana Dharma, non è l'adorazione esteriore che è importante, ma piuttosto l'innocenza e l'amore con cui viene compiuta l'adorazione stessa. Naturalmente, i riti e i rituali possono aiutare a coltivare la devozione e la concentrazione della mente, ma perfino un sasso o un filo d'erba offerti con un cuore pieno d'amore e devozione sono più preziosi al Signore della yagna più elaborata compiuta con un cuore pieno di orgoglio ed ego.

Nella *Bhagavad Gita* il Signore Krishna dice:

patram puṣpam phalam toyam yo me bhaktyā prayacchati
tad aham bhakty upahṛtam aśnāmi prayatātmanaḥ

Chiunque mi offra con devozione, una foglia, un fiore,
un frutto o dell'acqua,
Io accetterò la pia offerta dei puri di cuore.

(IX.26)

Durante uno dei recenti tour di Amma in Europa, una devota delle Hawaii acquistò una ghirlanda di fiori da offrire ad Amma, ma, a causa del poco tempo, quel pomeriggio non riuscì a ricevere il darshan. Le fu chiesto di ritornare la sera e ciò voleva dire conservare la ghirlanda per parecchie ore prima di poterla offrire ad Amma. Forse a causa del suo retroterra culturale o perché non sapeva che la tradizione indiana considera inappropriata una cosa simile, la devota si mise la ghirlanda al collo e la indossò fino al momento di ricevere il darshan. Capitò che io fossi vicino ad Amma quando questa devota venne per il darshan; mentre si trovava in fila notai che portava al collo la ghirlanda, che nel frattempo era un po' avvizzita. Quando arrivò quasi il suo turno per il darshan, la donna si sfilò la ghirlanda con l'intenzione di metterla al collo di Amma, ma io cercai di afferrarla per impedirglielo. Le spiegai che non era corretto offrire ad Amma qualcosa che era già stata indossata e le suggerii di mettere al collo di Amma una ghirlanda fresca. Amma allora mi allontanò il braccio e volle assolutamente che la donna fosse lasciata libera di metterLe la ghirlanda che aveva già indossato. La donna piangendo spiegò che l'aveva messa al collo solo per salvaguardarla fino a che avrebbe avuto l'occasione di offrirla ad Amma. Amma vide l'innocente desiderio della donna di metterLe una ghirlanda laddove io avevo saputo vedere soltanto la trasgressione alla tradizione e un'involontaria mancanza di rispetto.

Questo episodio mi ricordò la storia della santa indiana Andal, figlia adottiva di un grande devoto chiamato Vishnu Chittar, ovvero "colui la cui mente è immersa in Vishnu". La pratica spirituale principale di Vishnu Chittar consisteva nel fare una ghirlanda per la *murti* di Vishnu che si trovava in un tempio vicino. Un giorno, mentre stava raccogliendo nel suo giardino foglie di *tulasi* per la quotidiana ghirlanda di fiori, trovò una bambina piccola adagiata sulla nuda terra. Pensando che qualcuno avesse per sbaglio lasciato lì la piccola, cercò i genitori in tutto il vicinato; nessuno, però, aveva sentito parlare della bambina, e così decise che si trattava di un dono del suo amato Signore Vishnu e la allevò come fosse sua, con grandissimo amore e affetto.

Mentre la piccola cresceva, Vishnu Chittar deliziava sua figlia con le storie delle birichinate compiute dal Signore Krishna durante la Sua infanzia e dei lila con le *gopi*. Presto Vishnu Chittar scoprì che sua figlia si era innamorata del più affascinante di tutti gli *Avatar*, il giovane guardiano di mucche di Vrindavan. Mentre Vishnu Chittar considerava il Signore un suo caro figlio, Andal lo riteneva il suo innamorato. Crescendo, questo sentimento diventò in lei sempre più profondo, tanto che da adolescente non dimostrò nessun interesse verso i ragazzi, ma solo verso il suo amato Signore Krishna.

Per tutti quegli anni, Vishnu Chittar aveva conservato l'abitudine di fare una ghirlanda per la murti di Vishnu: la confezionava al mattino presto e prima di portarla al tempio la lasciava nella stanza della puja; poi andava a fare un bagno nel fiume vicino. Ma egli ignorava che Andal aveva preso a sua volta l'abitudine di attendere che lui si recasse al fiume per prendere la ghirlanda e mettersela al collo. Lo faceva con perfetta innocenza, guardandosi allo specchio e immaginando come sarebbe stata al collo del suo Signore.

Un giorno, al ritorno dal suo bagno mattutino, Vishnu Chittar prese la ghirlanda dall'altare e vi scoprì attaccato un lungo capello nero: poiché era certo che non fosse suo, non sapeva proprio spiegarsi da dove fosse arrivato. Pensò che fosse impossibile offrire una tale ghirlanda alla murti e quindi quel giorno non si recò al tempio. Il mattino seguente si svegliò ancora molto scosso dall'incidente del giorno innanzi. Confezionò una ghirlanda, lasciandola sull'altare come al solito, ma decise di non recarsi al fiume per il bagno e si nascose, invece, vicino alla stanza della puja, sperando di scoprire il colpevole. Con grande sorpresa, vide sua figlia che prendeva la ghirlanda e la indossava, ammirandosi allo specchio, beatamente dimentica del mondo esterno. Arrabbiato e inorridito davanti all'evidenza che a commettere il sacrilegio contro l'amato Signore era stata la sua stessa figlia, irruppe nella stanza della puja e strappò la ghirlanda alla sconvolta Andal. Anche quel giorno egli non offrì una ghirlanda alla divinità, ma si ripromise di confezionare la sua più bella collana di fiori il giorno seguente, dopo essersi assicurato che la sua blasfema figliola non potesse in alcun modo avvicinarvisi. Ma quella notte egli ebbe una visione del Signore Vishnu che lo informò che non avrebbe più accettato nessuna ghirlanda fatta da lui, se prima non fosse stata indossata dalla Sua cara Andal. Solo allora Vishnu Chittar comprese la grandezza della devozione della figlia. Sebbene non agisse conformemente alla tradizione prestabilita, il suo amore innocente per il Signore e la sua totale devozione verso di Lui avevano reso Andal molto cara al Suo cuore.

Queste storie di devozione, antiche e moderne, dimostrano che per attrarre la grazia di Dio è necessario un cuore innocente, e che sarà difficile realizzare un reale progresso spirituale soltanto memorizzando i rituali più complessi.

Uno dei brahmachari di Amma mi ha raccontato una storia toccante. Una donna molto povera e con gli occhi pieni di lacrime venne ad Amritapuri per ricevere il darshan di Amma. Quando Amma le chiese perché piangesse, rispose: "Non riesco più a trovare i sandali, Amma".

A queste parole, il brahmachari provò un po' di irritazione e pensò: "Chiedere ad Amma un paio di sandali è come chiedere una carota a un re generoso".

Ma Amma prese molto seriamente la preoccupazione della donna e disse che la povera donna aveva perso i sandali per la sbadataggine dei residenti dell'ashram. "Chi vive nell'ashram non è consapevole delle difficoltà della vita nel mondo", commentò. "Nella vita la gente affronta tanti traumi e dolori, fatica anche solo per avere un pasto regolare e per sbarcare il lunario, ed è solo grazie al denaro guadagnato con tanto sforzo che può comprarsi dei sandali".

Un altro brahmachari spiegò ad Amma che all'ashram alcuni devoti non usano lo spazio adibito alle calzature, ma preferiscono lasciare i sandali lungo la scalinata che conduce alla sala del darshan, e poiché molti sandali si assomigliano, è inevitabile che ogni tanto qualche paio sparisca.

Amma non si scoraggiò così facilmente. Diede istruzione al brahmachari di distribuire dei sacchetti di plastica ai devoti, in modo che potessero portare con sé le scarpe quando si recavano al darshan.

Ma un brahmachari che si trovava vicino obiettò, dicendo: "Amma, non è corretto avvicinarsi a un Maestro portando dei sandali".

"Pensi che i sandali siano qualcosa di tanto infimo?", gli chiese Amma incredula. "Nella creazione di Dio nulla lo è. Amma vede questi sandali come una forma di Dio, poiché proteggono i piedi dei Suoi figli dalle pietre e dalle spine. State cercando di vedere

Brahman ovunque, ma non sapete neppure riconoscere la divinità di un paio di sandali". Così dicendo, Amma chiese al brahmachari di donare un paio di sandali nuovi alla povera donna.

Troviamo una storia molto simile anche nella vita del Signore Krishna. All'inizio della guerra del Mahabharata, Bhishma, il generale dell'esercito dei Kaurava, stava arrecando distruzione tra le fila dei Pandava. Di fronte a questo assalto, il morale dell'esercito dei Pandava stava scemando velocemente e alla fine Krishna decise di andare a trovare Bhishma, che era anche un suo devoto, nel campo nemico dei Kaurava. Draupadi, la moglie di tutti e cinque i fratelli Pandava[1], accompagnò Krishna nella sua missione di mezzanotte.

---

[1] Per i lettori che non hanno familiarità con il poema epico *Mahabharata*, può sembrare strano che una donna nobile come Draupadi avesse sposato cinque uomini virtuosi come i Pandava, ma questa relazione è simbolica a diversi livelli. A livello storico, i Pandava sposarono Draupadi per la devozione e il rispetto verso la madre e le sue istruzioni. Arjuna vinse il diritto di sposare Draupadi in una gara di tiro con l'arco. Dopo il matrimonio, i cinque fratelli portarono Draupadi a casa per presentarla alla madre. Nella loro impazienza di comunicare la notizia, non aspettarono neppure di essere entrati, ma cominciarono già a gridare nei pressi di casa: "Cara madre, guarda che cosa abbiamo portato a casa con noi!"

Senza guardare e presumendo che i figli si stessero riferendo a qualche oggetto, la madre dei Pandava esclamò: "Qualunque cosa sia, dividetela tra voi cinque, come avete sempre fatto!"

I Pandava furono sbalorditi nell'ascoltare queste parole, ma poiché provenivano dalla madre, pensarono di non avere altra scelta che ubbidire, e così ciascuno di loro sposò la stessa donna.

Simbolicamente, ognuno dei Pandava rappresenta una diversa caratteristica dell'essere umano. Sahadev personifica la devozione e l'intelligenza; Nakula, la bellezza fisica; Yudhishthira è l'incarnazione del dharma; Arjuna simboleggia il coraggio; e Bhima rappresenta la forza fisica. Considerato in questo modo, il matrimonio di Draupadi con i cinque Pandava mostra l'importanza di coltivare nel proprio carattere ciascuna di queste qualità.

Raggiunta la tenda di Bhishma, il Signore spiegò a bassa voce a Draupadi che Bhishma stava dormendo e che lei doveva entrare e prosternarsi a lui. Draupadi si sfilò i sandali ed entrò, seguendo le istruzioni di Krishna.

Non appena fu all'interno della tenda, Bhishma si svegliò e vedendo una donna inchinata davanti a lui, proferì l'augurio: "Che tu possa restare felicemente sposata!" Quando però Draupadi si alzò, egli comprese di aver benedetto la moglie dei suoi nemici, andò in collera e disse: "Come osi venire qui? Chi ti ha accompagnato?" Ma subito, attraverso la tenda aperta, vide il suo amato Signore Krishna con i sandali di Draupadi in mano. Quando Draupadi era entrata nella tenda era cominciato a piovere e Krishna era bagnato fradicio.

Alla vista di Krishna sotto la pioggia, Bhishma fu scosso, e ancora di più perché teneva i sandali in mano. "Mio amato Signore!", esclamò. "Cosa fai?"

Il Signore sorrise dolcemente. "È cominciato a piovere all'improvviso e temevo che i sandali di Draupadi si bagnassero: così ho cercato di proteggerli sotto il mio scialle".

Realizzando l'accaduto, Draupadi gridò in preda al panico: "Mio Signore! Domani il mondo potrebbe screditarti perché hai preso in mano le calzature di una donna!"

Ma Krishna rispose con dolcezza: "Lascia che il mondo sappia che i sandali dei miei devoti sono preziosi per me. Dio risiede in tutti gli oggetti; questi sandali sono un'immagine del Signore".

Amma dichiara che il Guru vive per il discepolo e il devoto: tenendo a mente questa affermazione è facile capire perché la nostra amata Amma e il Signore Krishna attribuiscano tanta importanza alle calzature dei loro devoti. Non siamo forse turbati se perdiamo le scarpe? Ai programmi di Amma, ho visto spesso le persone che cercano le scarpe come se la vita dipendesse da questo, senza essere capaci tuttavia di dare uguale importanza allo stesso oggetto quando appartiene ad altri. Se non siamo in grado di vedere Dio in un paio sandali, almeno cerchiamo di amare i devoti che li calzano, ricordando che Dio risiede in tutto e tutti. ❖

Capitolo 18

Il mistero della grazia

Un uomo muore e si ritrova alle porte del paradiso. San Pietro gli dice: "Ci vogliono 100 punti per guadagnare l'ingresso in paradiso, perciò, ora dimmi tutte le cose buone che hai fatto e io attribuirò a ciascuna un certo punteggio. Passerai quando avrai raggiunto i 100 punti".

"Va bene", dice l'uomo, "sono stato sposato per 50 anni con la stessa donna e non l'ho mai tradita, non ne ho nemmeno mai guardato un'altra con desiderio".

"Grande!", dice San Pietro. "Vale due punti!"

"Due punti?", afferma l'uomo, sentendosi un po' scoraggiato. "Bèh, sono andato in chiesa ogni domenica della mia vita e ho diretto il coro della parrocchia; mi sono impegnato anche nel volontariato in vari modi e ho fatto delle donazioni con regolarità".

"Buon per te", dice San Pietro, "questo vale senz'altro un punto".

"Un punto? E allora che mi dici di questo: ho lavorato come medico volontario in zone di guerra, aiutato chi ne aveva bisogno e ho adottato e poi cresciuto tre orfani disabili conosciuti nei paesi che ho visitato!"

"Fantastico! Questo ti procura altri due punti".

"Due punti?" L'uomo alza le braccia al cielo e dichiara: "Di questo passo, il solo modo per entrare in paradiso è per grazia di Dio!"

"Esattamente", risponde San Pietro.

Amma afferma che la grazia di Dio è necessaria affinché i nostri sforzi vadano a buon fine in qualunque settore. Si ha bisogno della grazia anche solo per attraversare incolumi la strada, poiché in ogni situazione o tentativo ci sono molti fattori indipendenti dal nostro controllo. Naturalmente, è possibile misurare quanto impegno, attenzione e cura mettere nelle azioni, ma è soltanto la grazia che unisce in modo favorevole tutti gli altri fattori, garantendo il successo ai nostri sforzi.

Nell'estate del 2004, durante il programma del mattino presso l'ashram di Amma a San Ramon, mi trovavo nella sala del darshan e stavo parlando con un devoto. Tenevo in mano il materiale iniziale per il mio secondo libro, *Il Successo Supremo,* e mi stavo lentamente avvicinando al palco continuando a parlare con questo devoto. Raggiunto il palco, Amma improvvisamente mi chiamò e quando Le fui accanto afferrò il sottile fascio di fogli che avevo in mano e, a voce alta, cominciò a burlarsi di me, dicendo a tutti che avevo sempre l'abitudine di portare sacchetti o foglietti di carta. Iniziò poi a frugare fra le pagine che mi aveva strappato di mano e chiese che cosa fossero. Glielo dissi. Immediatamente Amma esclamò: "Oh, stai scrivendo un secondo libro!"

"Sì, Amma", dissi, "non devo?"

Amma rispose: "Sì, sì, scrivilo". Detto questo, chiuse gli occhi per pochi secondi e tenendo i fogli tra le Sue mani riversò su di essi una meravigliosa benedizione. Se i lettori de *Il Successo Supremo* vi hanno trovato qualcosa di utile e benefico, è soltanto per grazia di Amma.

Non si sa mai quando arrivino le benedizioni divine. Molti anni addietro, quando all'ashram eravamo ancora in pochi, gli swami cominciarono a comporre dei bhajan che poi cantavamo la sera insieme ad Amma. A quel tempo, quasi tutti gli swami, eccetto io, avevano già composto delle canzoni. Non mi considero un grande musicista e forse proprio per questo non mi era mai venuto in mente di comporre un canto. Ma una notte, le parole e la musica di un bhajan mi entrarono all'improvviso nella mente, e decisi così di scrivere la mia prima canzone per Amma. Intorno all'una del mattino, avevo quasi terminato, quando udii bussare alla porta e fui molto sorpreso di vedere Amma sulla soglia. "Che cosa stai facendo alzato così tardi?", mi chiese con aria innocente. Un po' timidamente le spiegai che stavo componendo un bhajan per Lei.

"Oh, proprio l'altro giorno Amma stava pensando che la maggior parte degli altri swami ha già composto dei bhajan, e si era chiesta come mai tu non lo avessi ancora fatto". L'osservazione di Amma era apparentemente casuale, ma io compresi che era stata Lei a pormi nella mente le parole e la musica della canzone, e io mi ritrovai ad essere letteralmente uno strumento nelle Sue mani!

Uno degli organizzatori dei programmi di Amma in New Mexico racconta un bell'aneddoto. La prima volta che Amma fece visita al New Mexico, egli andò a prelevarLa all'aeroporto per condurLa in auto fino a casa sua. Stava piovendo mentre uscivano dall'aeroporto, ma prima di salire in macchina, Amma rimase ferma con il palmo delle mani rivolto verso l'alto, a raccogliere delle gocce di pioggia. Poi si voltò verso questo devoto e disse: "La grazia cade di continuo come questa pioggia, per riceverla basta aprirsi".

Con le parole "per riceverla basta aprirsi", Amma non si limita a indicare che per avere successo è sufficiente il semplice desiderio di ricevere l'assistenza divina; in effetti l'affermazione di Amma è di natura scientifica. Amma ci dice che ognuno di noi possiede un'aura sottile su cui è registrata un'impronta sottile di tutti i nostri pensieri, parole e azioni. L'aura sarà di colore dorato e molto ricettiva alla grazia in chi ha soltanto pensieri puri, usa solo parole buone e compie esclusivamente azioni oneste e, al contrario, sarà scura e torbida, e quindi incapace di lasciare passare la luce della grazia, in chi ha la mente piena di pensieri negativi, di critica, vendetta, gelosia o lussuria, la lingua tagliente, lo spirito meschino, e le azioni esclusivamente egoiste. Sono le tracce lasciate dalle azioni di questa persona che impediscono al flusso della grazia di raggiungerla.

Solo gli esseri umani sono in grado di impegnarsi per diventare più ricettivi alla grazia, ecco perché si dice che la vita umana è una vita benedetta. Tutte le altre forme di vita non hanno il potere della discriminazione degli esseri umani – non hanno il senso del giusto e dell'ingiusto e del bene e del male. La ricettività di un cane nei confronti della grazia non crescerà né diminuirà se questo morde il postino senza ragione, poiché il cane manca di discriminazione. Ma l'azione di un postino che dà un calcio al cane senza un motivo lascerà sulla sua aura un'impronta negativa corrispondente perché, essendo dotato di discernimento, si suppone che abbia il senso del dharma. Non dobbiamo però scoraggiarci al pensiero di tutte le nostre azioni passate che possono aver bloccato il flusso della grazia, ma, anzi, rallegrarci per la possibilità di impegnarci nel momento presente in uno sforzo capace di renderci sempre più ricettivi al flusso della grazia, finché la vita intera diventerà una benedizione.

Un modo per diventare più ricettivi alla grazia è seguire con sincerità le istruzioni di un Vero Maestro. Una volta, Amma chiese ai residenti dell'ashram di verificare chi poteva ripetere senza interruzione il maggior numero di mantra. Non si trattava di una gara, ma di una sfida individuale. Ci istruì a non ripeterlo troppo velocemente, come se fosse una corsa, ma a una velocità costante e ragionevole, con amore e attenzione. Alcuni residenti salmodiarono 5000 mantra, alcuni meno, altri di più, ma poi, siccome la notte sembrava non finire mai, andammo a letto tutti. Tutti tranne uno. Infatti uno di noi vegliò per 24 ore, ripetendo continuamente il mantra. Dopo di ciò, Amma gli diede due caramelle come prasad. Vi sembra un riconoscimento insufficiente? Qualcuno potrebbe obiettare che si trattò soltanto di due caramelle in cambio di 24 ore di lavoro, ma in verità fu molto più di questo, perché non sono le caramelle ad essere importanti, quanto l'apprezzamento di Amma. Tutti recitarono a lungo, ma a nessuno venne in mente di non dormire per seguire le Sue istruzioni. Questa persona invece pensò: "Amma ha detto di provare a ripetere il mantra il più possibile, e siccome è possibile passare una notte senza dormire, lo farò". Ed è verso questo pensiero, questo livello di dedizione, che Amma dimostrò il Suo apprezzamento. Ed è questo che tutti cercano, che lo sappiano o no: non un apprezzamento qualunque, ma quello di un Vero Maestro, perché se il Guru ci apprezza, ciò significa che la sua grazia sta fluendo su di noi.

Naturalmente Amma non rifiuterà neppure il peggiore dei criminali, ma compiendo buone azioni possiamo diventare più ricettivi alle Sue benedizioni e alla Sua grazia. Amma racconta spesso la storia di un bambino che divenne involontariamente un vero magnete della Sua grazia e del Suo affetto. Ad Amritapuri, un giorno, mentre Amma stava dando il darshan, qualcuno si sentì male e vomitò proprio nel mezzo della fila. L'uomo se ne andò all'ospedale dell'ashram e non fu in condizioni di pulire il vomito nel tempio; coloro che si trovavano vicino a lui pensarono che non fosse compito loro pulire, visto che non lo conoscevano e che il vomito non era il proprio. Lentamente i testimoni del fatto andarono al darshan e si allontanarono, ma il vomito rimase al centro del pavimento del tempio proprio in corrispondenza della fila del darshan. Tutti quelli che si recavano al darshan dovevano passarci sopra, e per questo molti si tappavano il naso e criticavano perfino l'ashram per la mancanza di pulizia. Qualcuno riferì ad Amma la situazione, ma nessuno si offrì di aiutare. Poi, un bambino di non più di otto o nove anni arrivò sul punto in cui avrebbe dovuto calpestare il vomito per avanzare lungo la fila. Anziché tapparsi il naso e saltare, si girò, corse fuori dal tempio e riapparve pochi minuti dopo con uno straccio in una mano e un secchio d'acqua nell'altra. Senza guardarsi attorno, il bambino si inginocchiò e cominciò a pulire meticolosamente il vomito altrui. Corse fuori e dentro il tempio parecchie volte per risciacquare lo straccio, poi asciugò il pavimento, lasciando una serie di piastrelle lucenti dove fino a pochi momenti prima si trovava il vomito. Alla fine il bambino andò a lavarsi le mani per ritornare in fila per il darshan.

Mentre questo avveniva, Amma lo osservava attentamente, e quando il piccolo arrivò da Lei riversò su di lui tanto amore e affetto. Anche dopo aver lasciato la sala del darshan ed essere tornata nella Sua stanza, anche se impegnata per tutto il giorno in molti incontri e telefonate, Amma confidò che nella Sua mente continuava ad affiorare il volto del bambino. A proposito del piccolo disse anche che, nonostante la Sua grazia scorra come un fiume verso tutti, era come se l'azione puramente altruista e innocente del bambino avesse scavato una piccola nicchia sulla riva del fiume della Sua grazia, che vi fluì direttamente e spontaneamente.

C'è chi pensa di non avere bisogno di un Guru e neppure di Dio, e che attraverso i propri soli sforzi sarà capace di raggiungere la Realizzazione Suprema. Ma sia le Scritture sia i Maestri affermano che i nostri sforzi sono limitati, e che soltanto la grazia può farci attraversare la soglia della Liberazione finale. Amma porta come paragone la possibilità di salire su un autobus all'ultima fermata e di avere quindi solo una breve distanza per giungere a destinazione. Il tratto finale può essere coperto solamente con la grazia del Guru o di Dio. Amma racconta la seguente storia.

C'era un *dharmashala*, o locanda per pellegrini, dove ogni giorno veniva servito il cibo. La regola del posto era che i pellegrini dovevano suonare una campana che pendeva dalla tenda esterna e, udito il suono, il gestore avrebbe subito aperto la porta e servito il cibo. Un giorno, arrivò a questa locanda un bambino povero che viveva di elemosine: cercò di suonare la campana senza riuscirvi, perché era troppo in alto per lui. Provò a raggiungerla anche con un bastone, ma la campana rimaneva sempre fuori della sua portata; cercò poi di salire su vari appoggi, ma senza successo, cercò infine di saltare da dei supporti, ma fallì ancora e, esausto, sedette a terra, disperato. Un passante che aveva osservato da una panchina situata dall'altra parte della strada quanto il bambino avesse faticato per raggiungere la campana, provò molta pietà per lui, si alzò, attraversò la strada e suonò la campana per lui. La porta si aprì subito e il piccolo ricevette il cibo nel dharmashala.

Dopo aver svolto le pratiche spirituali e fatto tutto il possibile per purificarci, dobbiamo semplicemente attendere che il Maestro ci accordi la sua grazia, pur facendo attenzione a non abbandonare l'impegno aspettando la grazia. Amma dichiara: "Va bene aspettare con fede che Lui arrivi, ma nell'attesa assicuratevi di essere vigili: se siete indaffarati in altre cose, come fa Dio a venire? Come fa la Sua grazia a fluire? È sciocco dire: 'Sto aspettando che Dio arrivi con la Sua grazia. Egli è pieno di compassione, arriverà certamente. Fino ad allora farò meglio a pensare ad altre faccende importanti.' Con questo tipo di fede non riceverete la grazia né avrete la forza di superare le situazioni difficili".

Alla fine, soltanto la grazia potrà darci la conoscenza della Verità, e il solo modo di ottenerla consiste nell'impegnarsi incessantemente verso la meta, proprio come il bambino al dharmashala fece tutto quanto era in suo potere per suonare la campana. Furono gli intensi sforzi del piccolo ad attirare l'attenzione dell'uomo e a commuoverlo. In modo simile, lottando strenuamente per realizzare il Sé, noi attrarremo sicuramente la grazia del Guru, che ci porterà al successo finale. Da parte nostra, dobbiamo lottare con tutto il cuore, e al resto ci penserà il Maestro. ❧

Capitolo 19

Benedizioni in incognito

Nel capitolo precedente abbiamo definito la grazia come il fattore che attribuisce successo ai nostri sforzi e ci aiuta a realizzare gli obiettivi nella vita. È vero che la grazia opera talvolta in questo modo, ma non sempre è tanto semplice. Mentre avanziamo sul sentiero spirituale, scopriremo che la grazia è più palpabile proprio nell'insuccesso e nelle avversità piuttosto che nella buona riuscita. È per questo forse che il drammaturgo greco Eschilo scrisse: "Chi apprende deve soffrire. Perfino nel sonno, il dolore che non dimentica cade goccia dopo goccia sul cuore, e nella nostra disperazione, contro la nostra volontà, la saggezza giunge a noi attraverso la maestosa grazia di Dio".

Dal 1985 in poi, Amma ha cominciato a inviarmi a tenere dei satsang fuori dell'ashram, a incontrare i devoti e a trascorrere del tempo nelle sedi secondarie dell'ashram e da allora ho potuto trascorrere lunghi periodi in Sua presenza soltanto durante i tour intorno al mondo. Attualmente, Amma compie il tour Giappone-USA durante l'estate, poi ritorna ad Amritapuri per due mesi e nei successivi ottobre e novembre intraprende il tour europeo. Ma a quei tempi, il tour d'Europa seguiva immediatamente il tour negli Stati Uniti, così potevo passare tre mesi di fila in presenza di Amma. Quello era un periodo beato per me e, ogni anno, non vedevo l'ora che arrivasse. Ma nel 1989 accadde qualcosa che rese quei tour molto difficili per me. Ogni volta che andavo nella Sua stanza, Amma trovava qualche ragione per mandarmi

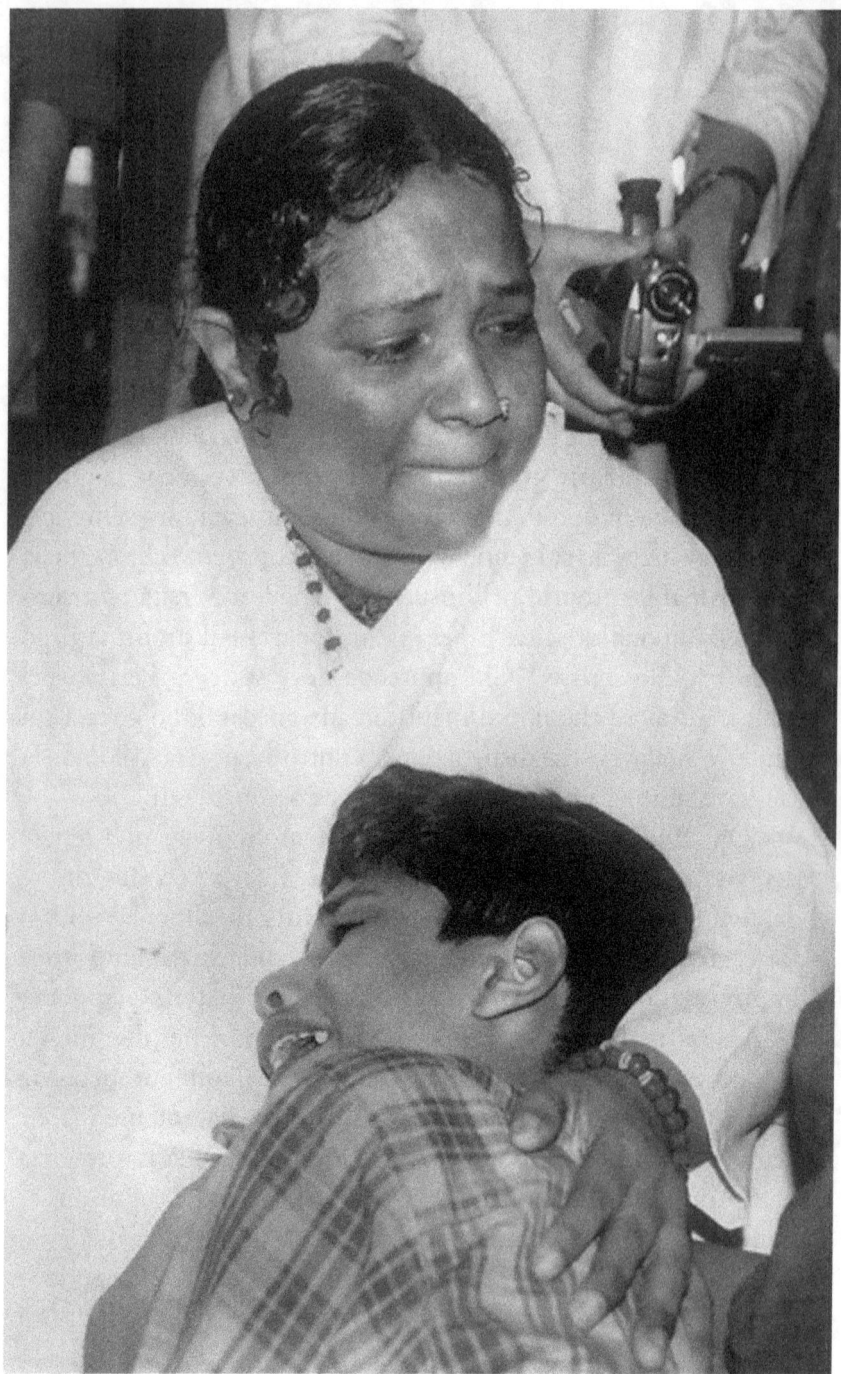

via, dicendomi di essere occupata o di volere essere lasciata sola, rimproverandomi per cose fatte in modo sbagliato e incolpandomi a volte perfino di ciò che non avevo fatto. Il tempo passava e io mi accorsi che con gli altri swami non si comportava allo stesso modo; quando mi trattava così mi sentivo molto triste, ma mi sentii anche peggio quando scoprii che ero il solo a ricevere quel trattamento. Cominciai a fare errori mentre suonavo le *tabla* per Amma durante i bhajan serali e in generale non mi sentivo al meglio.

Questo comportamento durò per tutto il tour mondiale del 1989, e anche per quello dell'anno successivo. Finalmente, ad un certo punto del tour del 1990, Amma mi chiamò nella Sua stanza. Entrai esitante chiedendomi che cosa ci fosse in serbo per me e temendo perfino che, poiché continuavo a suonare male le percussioni, Amma mi avrebbe rimandato in India.

Quando entrai nella stanza di Amma, il suo atteggiamento fu gentile, mi spiegò pazientemente che stavo attraversando un periodo molto negativo e che ero destinato a sperimentare sofferenza e avversità, e che questa era la ragione per cui mi aveva trattato duramente. Mi disse anche che dovevo fare qualche voto da aggiungere alle mie normali pratiche spirituali perché quel periodo era tanto brutto per me che avrei potuto perfino lasciare l'ashram.

Pensando al Suo consiglio, e poiché Amma era il mio tutto e non avevo altro Dio che Lei, decisi di fare un voto di silenzio e digiuno il giovedì, che è considerato tradizionalmente il giorno simbolico dell'adorazione del Guru. Compresi inoltre che il trattamento di Amma era servito per aiutarmi a esaurire il mio prarabdha senza incorrere in una situazione anche peggiore. Secondo la legge del karma dovevo sperimentare qualche tipo di sofferenza interiore e di angoscia e Amma mi aveva aiutato ad attraversare questa difficoltà senza doverLa lasciare.

Recentemente un giovane brahmachari che stava svolgendo servizio come *pujari* in uno dei templi Brahmasthanam di Amma, arrivò con le lacrime agli occhi e quando Ella gli chiese che cosa fosse accaduto, rispose che nella zona del tempio c'era una coppia veramente crudele e offensiva con lui, nonostante la maggior parte delle persone lo avesse accolto molto cordialmente. Questa coppia gli aveva perfino detto che la sua presenza li disgustava e che avrebbero smesso di frequentare il tempio se Amma non avesse mandato un altro brahmacharial suo posto. Alla fine del suo racconto, egli chiese tristemente ad Amma: "Amma, la mia presenza è davvero così disgustosa?"

Amma asciugò le lacrime del ragazzo e lo consolò, affermando: "Se qualcuno ti offende, non fare caso alle sue parole". Il brahmachari si sentì confortato dalle affermazioni di Amma, ma quello che disse poi lo sorprese ancora di più: "Presto arriverà il giorno in cui centinaia di persone faranno a gara per avere la tua attenzione!" Il brahmachari ritornò al Tempio Brahmasthanam con lo spirito sollevato; le parole di Amma lo avevano rassicurato, anche se non immaginava in quale modo avrebbe potuto realizzarsi la Sua predizione.

Parecchi mesi dopo, il giorno successivo allo tsunami, Amma chiamò questo brahmachari e gli chiese di prendersi cura delle necessità fisiche e psicologiche di oltre 700 bambini che avevano perduto la casa e, in molti casi, anche uno o più familiari. Nelle settimane e mesi che seguirono questi bambini svilupparono un profondo affetto e rispetto per lui; era sempre seguito da almeno una dozzina di questi piccoli dovunque andasse e nel vedere con quale successo egli li ispirasse, li intrattenesse e li disciplinasse, anche i parenti sopravvissuti cominciarono a richiedere la sua attenzione e i suoi consigli.

A causa del nostro prarabdha, talvolta non c'è modo di evitare un'esperienza dolorosa, e non ci resta altra scelta che sopportare.

Lo scrittore Chinua Achebe esprime ciò in modo molto suggestivo: "Quando la sofferenza bussa alla vostra porta e voi le dite che non c'è una sedia per lei, essa dirà di non preoccuparvi perché si è portata lo sgabello!" In casi simili, però, Amma ci benedice con la forza di affrontare la situazione con coraggio ed equanimità.

Tre anni fa, dovetti sottopormi a due operazioni al ginocchio. In precedenza, Amma aveva detto che si trattava di un brutto periodo per me e di fare attenzione alla salute, ma poiché non aveva precisato quale genere di malanno avrei dovuto aspettarmi, non me ne preoccupai: abbandonai ad Amma qualunque possibile problema. Di lì a poco, un giorno, cominciai a sentire un grande dolore a un ginocchio: quando Gliene parlai, Amma mi disse di andare immediatamente all'ospedale. Dopo un accurato esame, i medici suggerirono di sottopormi a un'operazione correttiva. Anche se si trattava di un intervento minore, io ero ansioso lo stesso perché non avevo mai subito nessuna lesione o disturbo gravi.

Amma mi disse di affrontare l'operazione, perciò organizzai le cose per procedere in questa direzione. A quel tempo, mi trovavo negli Stati Uniti e chiamavo Amma quasi ogni giorno, pregandoLa di aiutarmi in qualche maniera a evitare l'intervento. Ogni volta che parlavo con Lei, però, Ella mi rassicurava: "Non preoccuparti, figlio mio, andrà tutto bene".

Le parole di Amma mi diedero la sicurezza che l'operazione si sarebbe dimostrata superflua, ma quando arrivò il giorno fissato per l'intervento e le mie condizioni non erano ancora migliorate, non ebbi altra scelta che affrontarlo. Tutto andò bene e quando poi chiamai Amma, Ella disse di essere stata con me durante l'operazione anche se io non ero stato in grado di vederLa. Ascoltando le Sue parole mi sentii molto confortato e dopo l'intervento il dolore scomparve.

Sei mesi dopo, ebbi ulteriori problemi allo stesso ginocchio. I medici mi informarono che sarebbe stata necessaria un'altra operazione ma questa volta Amma disse di effettuarla presso l'AIMS, il Suo ospedale superspecialistico di Cochin. La prima volta mi trovavo lontano, negli Stati Uniti, e non avevo potuto vedere Amma per molti giorni, ma se avessi fatto l'operazione all'AIMS, che si trova a solo tre ore di macchina dall'ashram, avrei potuto vederLa nel giro di un paio di giorni. Seguii le istruzioni di Amma e procedetti con la seconda operazione senza più provare alcuna ansietà al riguardo, sapendo che Amma sarebbe stata con me in forma sottile e che avrei potuto incontrarLa presto. Prima di allora avevo provato orrore anche solo per un'iniezione al braccio, ma dopo quell'esperienza non sento più tensione verso le procedure mediche che potrei aver bisogno di affrontare. In questo caso Amma non mi aiutò nel modo che mi aspettavo, cioè eliminando il problema, ma dandomi il coraggio di affrontare l'esperienza con equanimità.

Anche se è in loro potere farlo, i veri Maestri violano o interferiscono solo raramente con le leggi dell'universo; le rispettano e vi si attengono, sia perché non hanno particolari desideri personali per agire altrimenti, sia perché dal loro livello di consapevolezza essi comprendono che queste leggi funzionano solo per il bene del mondo.

Ma ci sono esempi di risposte di Madre Natura allo spontaneo *sankalpa* – o risoluzione divina – di Mahatma come Amma. Un anno, durante i programmi di Amma a San Ramon, in California, scoppiò un terribile incendio nella cucina dove si stava preparando il cibo per le centinaia di devoti che erano venuti a incontrare Amma. Più tardi uno dei brahmachari che proprio in quel momento era con Lei nella veranda della Sua casa, mi disse che ad un certo punto Amma si girò verso il fuoco e pregò con le mani giunte.

Quello che accadde poi fu veramente sorprendente: il vento cambiò improvvisamente direzione e cominciò a soffiare lontano

dalla tenda e dagli altri edifici dell'ashram. Qualcuno naturalmente si ustionò, ma furono in molti a salvarsi perché il fuoco
non si era diffuso.

Amma fece visita a ciascuno dei devoti feriti ricoverati all'o-
spedale e sedette vicino ai loro letti. Più tardi, spiegò che quel
giorno ognuno di loro era destinato a soffrire molto di più, a
perdere la vita addirittura, ma che affrontando l'incidente presso
l'ashram di Amma, aveva potuto sfuggire a un destino peggiore.

Ora, durante il tour di Amma negli USA, la maggior parte
di loro è tornata in cucina con maggiore entusiasmo e dedizione
di prima. Tutti mi hanno confidato che nel periodo di difficoltà
sono riusciti a percepire fortemente la presenza e la grazia di
Amma e che, come risultato di questa esperienza, la loro fede in
Lei è addirittura diventata più profonda. Il fuoco ha ferito i corpi,
ma non la loro fede o il loro spirito. Essi non hanno giudicato
l'incidente in modo negativo né si sono arresi al loro destino, ma
hanno accettato l'accaduto come un'opportunità per consacrare
nuovamente la propria vita ai piedi di Amma, impedendo che
quell'esperienza divenisse uno scoglio e trasformandola in un
trampolino per la propria crescita spirituale.

Amma ha dichiarato che il Guru rimuove il 90 per cento del
nostro karma, lasciando a noi soltanto il 10 per cento. Potremmo
chiederci: "Perché lasciare il 10 per cento? Se può prendersi il 90
per cento, perché non tutto il 100 per cento? Che cosa c'è di così
potente o importante nella legge del karma per cui dobbiamo soffrire almeno il 10 per cento?" La risposta è che questo rimanente
10 per cento è ciò che ci fa crescere ed evolvere spiritualmente.

Amma descrive l'atteggiamento che deve avere un ricercatore
spirituale quando affronta il suo karma: "Un ricercatore non si
preoccupa se gli accadrà qualcosa di fortunato o una avversità;
sa che il suo karma è come una freccia già scoccata dall'arco, che
nulla può fermarla, e non gli importa se la freccia potrà colpirlo,

ferirlo o anche ucciderlo. È come la puntina del giradischi che gira nei solchi del disco: finché la puntina della vita sarà sui solchi la canzone dovrà suonare, che sia bella o brutta. In entrambi i casi è lui che l'ha creata con la sua voce e non vuole scappare dal suo karma, perché sa che si tratta di un processo di purificazione che pulisce profondamente gli errori del suo passato, di qualche vita precedente. E soprattutto, il vero ricercatore avrà sempre la protezione e la grazia del Guru, dal quale, perciò, riceverà consolazione e aiuto anche nei momenti più difficili".

La sofferenza arriva come uno shock soltanto quando è stata a lungo assente dalla nostra vita. Basta chiedere ai milioni di persone che vivono in una povertà degradante o in zone lacerate dalla guerra: ci confermeranno quanto la vita sia piena di dolore. È sufficiente chiederlo ad Amma che lo sa meglio di chiunque, poiché milioni di persone in tutto mondo vengono da Lei con innumerevoli problemi per chiedere la Sua grazia e i Suoi consigli. Anziché domandarci perché sia necessario soffrire, possiamo cercare di pensare a quanto siamo stati fortunati in altri momenti della nostra vita ed essere grati a Dio per aver potuto gioire di una così lunga prosperità.

Spinta dalla Sua compassione infinita, Amma ci assicura che nei momenti più difficili il Suo conforto e il Suo aiuto ci saranno sempre. Possiamo chiedere di più? Prego che nel momento in cui si presenteranno le prove della vita, possiamo tutti ricordare queste parole di Amma e affinché Ella ci dia la giusta percezione di queste esperienze, così da aiutarci a crescere ed evolvere sul cammino spirituale. ❋

Capitolo 20

Pioggia di grazia

Un paio di mesi dopo lo tsunami, Amma organizzò due campi per i bambini colpiti dalla tragedia, e l'ashram si trasformò in un grande centro di assistenza giovanile, con oltre 10.000 bambini che partecipavano a lezioni di yoga, sanscrito e inglese parlato. Prima di arrivare all'ashram, molti di loro non riuscivano neppure a dormire la notte, tanto erano rimasti traumatizzati dall'esperienza dello tsunami, ma quando furono all'ashram, anche se non vi erano mai stati, o non avevano mai incontrato Amma prima di allora, sembrarono avere dimenticato tutte le loro sofferenze. In una notte tornarono ad aver voglia di giocare e essere felici, anche in modo birichino: cambiavano i lucchetti delle porte, usavano l'ascensore per andare su e giù fermandolo ad ogni piano e un brahmachari occidentale che lavora negli edifici residenziali si vide buttato a terra da circa una dozzina di bambini di otto anni che volevano provare la loro forza.

Nel frattempo, un altro devoto occidentale aveva insegnato ai piccoli come costruire aeroplani di carta e il giorno dopo all'ashram ci fu immediato bisogno di un nuovo seva: il controllore di volo! I bambini continuavano a lanciare centinaia di aeroplani di carta dal 15esimo piano degli edifici.

Ogni giorno, Amma concedeva ai bambini un incontro di domande e risposte, utilizzando quelle innocenti domande per imprimere in loro dei valori spirituali. Un pomeriggio, per esempio, una bambina disse ad Amma di avere sentito che in

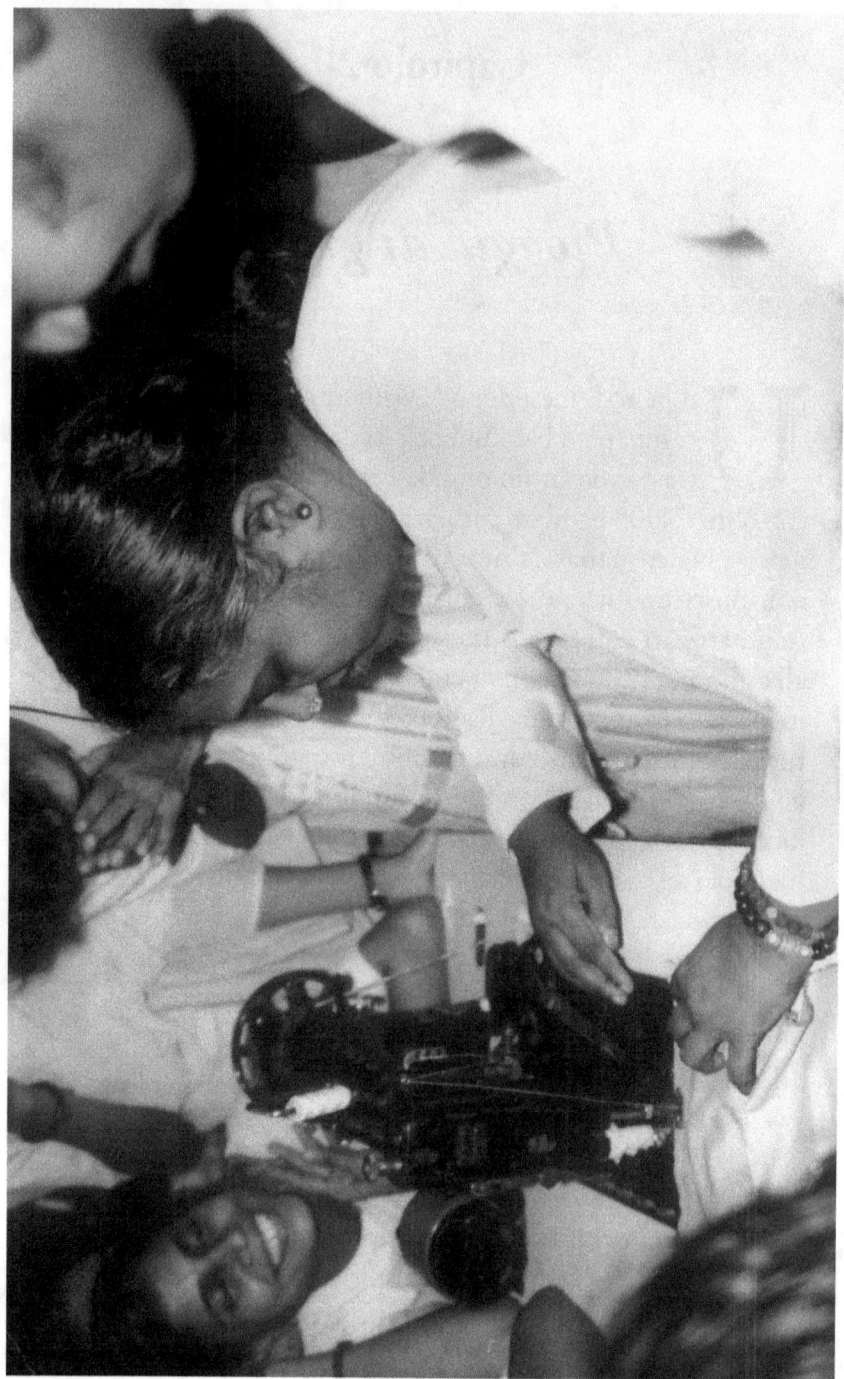

certi templi, nel corso degli anni, alcuni idoli erano lentamente cresciuti. "È possibile?", voleva sapere.

"Dio è meraviglia", disse Amma. "Tutto è possibile nella creazione di Dio. Gli idoli possono anche crescere, ma ciò che importa siete voi. Siete cresciuti? Siete cambiati? C'è qualche ragione per esaminare se gli idoli cambiano? Siete voi che dovete cambiare".

Un altro bambino chiese ad Amma quale fosse il Suo vero nome. "Me lo sono chiesta anch'io", ha detto Amma. "Non ho un nome. Le persone mi chiamano con diversi nomi".

Un altro chiese: "Amma, come si chiama tua madre?"

La risposta di Amma rivelò ancora una volta la vastità della Sua visione: "La mia mamma adottiva si chiama Damayanti[1], ma per me mia madre è la terra, mia madre è il mare, mia madre è il cielo, mia madre sono le piante, mia madre è la mucca, mia madre sono gli animali, e anche l'edificio in cui siamo seduti adesso, è mia madre".

Allora una bambina piccola saltò fuori e disse: "Amma, dicono che hai poteri divini. È vero?"

"Che cosa intendi con poteri divini?", chiese Amma.

"Che ogni cosa che Amma dice si avvera, che persone che non potevano avere bambini li hanno avuti, grazie a te…".

"Chiedi ai devoti", disse Amma dapprima, non volendo parlare di Sé. "Io preferisco essere una bambina, una principiante. Tutti vogliono diventare il re del villaggio e poi litigano. Devi diventare il re dentro di te". Amma aggiunse poi che il potenziale per realizzare queste cose è in ognuno di noi, ma che sta a noi risvegliarlo. I bambini lanciarono grida di entusiasmo e salutarono la risposta di Amma con un applauso.

---

[1] Damayanti è il nome della madre biologica di Amma e riferendosi a lei come a una madre adottiva, Amma sottolinea che in ogni vita noi abbiamo una madre temporanea diversa, e che la nostra madre eterna è soltanto Dio.

L'ultimo giorno del campo, un bambino si alzò e chiese: "Amma, che cosa ci accadrà domani quando ce ne andremo?" Amma gli chiese perché avesse fatto quella domanda.

Il ragazzino rispose: "Amma, i cinque giorni che abbiamo passato qui hanno completamente cambiato la nostra vita. Anche se nello tsunami molti di noi hanno perduto la madre, il padre, una sorella o un fratello, grazie all'amore e all'attenzione che hai riversato su di noi non abbiamo sentito il dolore di averli persi. Adesso non vogliamo più andarcene dall'ashram, vogliamo restare qui per sempre".

Durante il darshan un altro bambino che partecipò a uno di questi campi disse ad Amma: "Amma, abbiamo perduto tutto nello tsunami, ma abbiamo trovato te: e sai una cosa? Ne valeva la pena".

Dopo che il campo fu terminato, vedemmo che molti dei bambini del luogo continuarono a frequentare l'ashram regolarmente: lo sentivano ormai come casa loro. I genitori e altri adulti dei villaggi vicini, che non avevano mai messo piede nell'ashram, ora vengono per il latte e i generi alimentari, le cure mediche, il vestiario, per consigli e anche per corsi professionali. Dove altrimenti ci sarebbe stata una terra desolata di disperazione, resa arida e deserta da uno dei peggiori disastri naturali della storia mondiale, l'ashram è diventato un'oasi di speranza.

Durante il tour del 2004, Amma aveva detto di vedere delle nuvole scure all'orizzonte e che tutti dovevamo pregare affinché si trasformassero in una pioggia di grazia. Sulla base di ciò che è accaduto da allora, possiamo osservare che queste nuvole scure hanno afflitto moltissime persone assumendo la forma di uno tsunami, ma hanno anche portato la grazia di Amma a un gran numero di esseri umani.

Amma afferma che finché tutto procede bene e nessuno soffre davvero, non saremo completamente consapevoli della natura compassionevole del Maestro. Ma quando una calamità si abbatte sul mondo, la compassione del Maestro si manifesterà in tutta la sua grandezza. Più grande è la catastrofe, maggiore la compassione che fluisce dal Maestro. In verità, tutta questa compassione è sempre lì, ma noi purtroppo non siamo capaci di vederla; fino al giorno dello tsunami, in effetti, penso che nessuno di noi sapesse davvero quanto è compassionevole Amma.

Un ministro del governo indiano, che aveva osservato il filmato delle azioni di Amma nel giorno dello tsunami, ha commentato che la reazione immediata di Amma fu di cambiarSi d'abito e scendere in acqua, esortando tutti ad andare verso i piani più alti, dove sarebbero stati in salvo. Il ministro dichiarò che se si fosse trovato al posto di Amma sarebbe scappato a un piano più alto, per prima cosa, e poi avrebbe chiesto a tutti gli altri di fare lo stesso. Ma Amma agì nel modo opposto e quel giorno insistette a lasciare l'ashram per ultima. Perfino gli elefanti e le mucche furono evacuati sulla terraferma prima che Amma finalmente accettasse di spostarsi in un luogo più sicuro.

C'erano circa 20.000 persone all'ashram quel giorno, ma nonostante il grave allagamento non una sola rimase ferita. Perfino i pazienti che giacevano a letto nell'ospedale caritatevole dell'ashram furono messi in salvo. Inoltre non vi erano bambini che giocavano nel grande auditorium all'aperto al piano terreno, che funge da sala principale del darshan, poiché Amma, all'ultimo minuto, aveva trasferito il darshan nel vecchio tempio che si trova a un piano e mezzo di altezza. Amma aveva differito la data per la riscossione delle pensione e così, a 9.000 donne povere fu risparmiato l'impatto col disastro quando l'acqua si riversò nell'ampia sala all'aperto. Se penso a questa miracolosa serie di situazioni evitate per un soffio, non posso che ricordare il Signore Krishna che solleva la montagna Govardhana sulle teste degli abitanti del villaggio della Sua infanzia per proteggerli da un diluvio. È stato come se Amma avesse prelevato letteralmente ciascuna persona – e animale – e l'avesse sollevata al di sopra del torrente d'acqua. Come possiamo definire tutto ciò se non grazia divina?

Amma non volle lasciare l'ashram finché non fossero andati via tutti, e anche allora soltanto perché alcuni discepoli non volevano andarsene fino a quando Lei fosse rimasta lì. Alla fine, poco dopo mezzanotte, Amma attraversò il canale fino alla terraferma. Le Sue labbra erano completamente arse a prova del fatto che non aveva bevuto neppure una goccia d'acqua per tutto il giorno, ma quando un brahmachari Le chiese di bere qualcosa, Amma rispose semplicemente: "Come posso bere quando così tante persone sono morte?"

Se facciamo una o due cose buone siamo sempre pronti a congratularci con noi stessi, dicendo: "Anche per oggi ho compiuto la mia buona azione"; per quanto faccia per gli altri, Amma invece pensa che non sia mai abbastanza.

Per un breve periodo alcuni anni fa, Amma indossò un tutore al polso anche mentre dava il darshan. Un bel giorno, però, improvvisamente lo tolse e continuò a dare il darshan, e a un brahmachari che Le chiese perché lo avesse tolto, rispose: "Durante il darshan, la mia mano deve toccare il corpo dei devoti perché sentano una connessione con Amma e il Suo amore materno. Un tutore di plastica tra la mano di Amma e il corpo dei devoti può solo ostacolare questo sentimento". Amma è sempre pronta a dimenticare la propria sofferenza per il bene degli altri, e infatti non porta più nessun tutore.

In *Viveva Chudamani*, Shankaracharya dichiara: "I Mahatma hanno attraversato lo spaventoso oceano della nascita e della morte e ora aiutano gli altri ad attraversarlo senza alcuna ragione o aspettativa". La loro compassione non sorge da una decisione logica o interessata: essi sono spinti solamente dalla loro infinita compassione per noi. Quando è stato chiesto ad Amma perché abbia dedicato la Sua vita ad asciugare le lacrime dell'umanità sofferente e a elevarla spiritualmente, Ella si è stretta semplicemente nelle spalle e ha risposto: "È come chiedere al fiume perché scorre e al sole perché risplende: è la loro natura, non possono fare altrimenti".

Amma non pensa mai di aver fatto abbastanza per i Suoi figli. Anche prima dello tsunami, Amma lavorava più duramente e a lungo di qualunque altro nella storia del mondo, dedicandosi all'innalzamento spirituale e materiale di quante più persone possibile – a volte sembra si stia prendendo cura addirittura di tutta l'umanità.

Sebbene gran parte del mondo abbia già dimenticato lo tsunami e le vittime che ha fatto, Amma dice che la Sua mente è ancora piena delle loro sofferenze e bisogni. La maggior parte delle persone pensa che dopo una dura sessione di darshan Amma vada nella Sua stanza e si distenda a riposare, ma quasi sempre, in verità, non riposa affatto. Nel 2005, a sei mesi dal disastro, durante il Suo tour degli Stati Uniti, un darshan del Devi Bhava si protrasse dalle 18.30 fino al mezzogiorno del giorno dopo e poi, appena finito, Amma andò subito nella Sua stanza dove passò quattro ore al telefono con i residenti dell'ashram che gestivano i soccorsi del dopo tsunami.

Nei mesi che seguirono il disastro, alcuni brahmachari scherzarono sul fatto che, per avere l'attenzione di Amma, era necessario cominciare la frase con la parola "tsunami". Sulla Sua dedizione a questa causa, Amma ha precisato che non si sentirà soddisfatta finché tutte le vittime dello tsunami che ha preso sotto la Sua ala, in Kerala, Tamil Nadu, Pondicherry, Isole Andamane e Nicobare, Sri Lanka, non riavranno le loro case e non saranno in grado di riprendere la propria vita.

Al momento in cui scrivo, nell'agosto 2005, l'ashram di Amma è la sola istituzione in India ad aver distribuito case nuove alle vittime dello tsunami. Lo tsunami è stata davvero una terribile tragedia e ha frantumato le vite e le speranze di tante persone, ma se Amma non avesse preso su di Sé le loro sofferenze, queste persone non avrebbero avuto alcuna luce e nessuna speranza di ritornare a un genere di vita normale. Dunque uno dei più grandi disastri naturali che il mondo abbia mai visto ha svelato la compassione infinita – e la grazia infinita – del più grande Mahatma che il mondo abbia mai conosciuto.

C'è una bella poesia che descrive come la grazia divina possa benedirci in modo inaspettato.

Ho chiesto a Dio la forza per avere successo
ma sono stato reso debole per imparare a ubbidire umil-
mente a Dio.

Ho chiesto la salute per poter fare grandi cose,
ma mi è stata data la malattia per fare cose migliori.

Ho chiesto la ricchezza per poter essere felice,
ma mi è stata data la povertà per diventare più saggio.

Ho chiesto il potere per avere la lode degli uomini,
ma mi è stata data la debolezza per riuscire ad avere
bisogno di Dio.

Ho chiesto tutte le cose con cui poter godere la vita,
ma mi è stata data la vita, con cui poter godere delle cose.

Non ho ricevuto niente di quello che ho chiesto,
ma tutto quello che speravo.

Quasi malgrado me stesso,
e mie preghiere inespresse sono state esaudite.

Tra tutti gli esseri umani sono il più benedetto.

Nella nostra vita ci sono sempre delle benedizioni: il problema è se siamo in grado oppure no di riconoscerle come tali. Amma afferma: "Dio, il Guru e la grazia sono sempre presenti. Voi avete tutte le facoltà per saperlo e farne l'esperienza. Avete una mappa e avete ricevuto le direzioni da seguire nella forma delle parole del Guru. Il vento della grazia del Guru soffia continuamente, il fiume del suo essere divino scorre sempre e il sole della sua conoscenza risplende senza fine. Egli ha fatto la sua parte. Il suo lavoro è finito molto, molto tempo fa".

Ora sta a noi fare la nostra parte. Siamo sempre immersi in un flusso di grazia divina e dipende completamente da noi aprirci a questa grazia e permettere che il nostro cuore sbocci nell'amore divino, oppure si chiuda e affondi più profondamente nell'egoismo, nella confusione mentale e nella disperazione.

È la grazia che ci consente di incontrare un Maestro; è ancora la grazia che ci fa riconoscere un Maestro quando ne troviamo uno; ed è sempre la grazia ciò che ci dà il Maestro. Con la grazia di Amma, la maggior parte di noi è stata capace di riconoscere almeno un poco della Sua divinità e grandezza. Se ci aggrappiamo a quella divinità e ci apriamo – compiendo buone azioni e coltivando un cuore puro e innocente di bambino – la nostra vita diventerà certamente più benedetta, piena di pace e ricca. Non potrà essere altrimenti. Che Amma possa riversare le Sue benedizioni su noi tutti. ❈

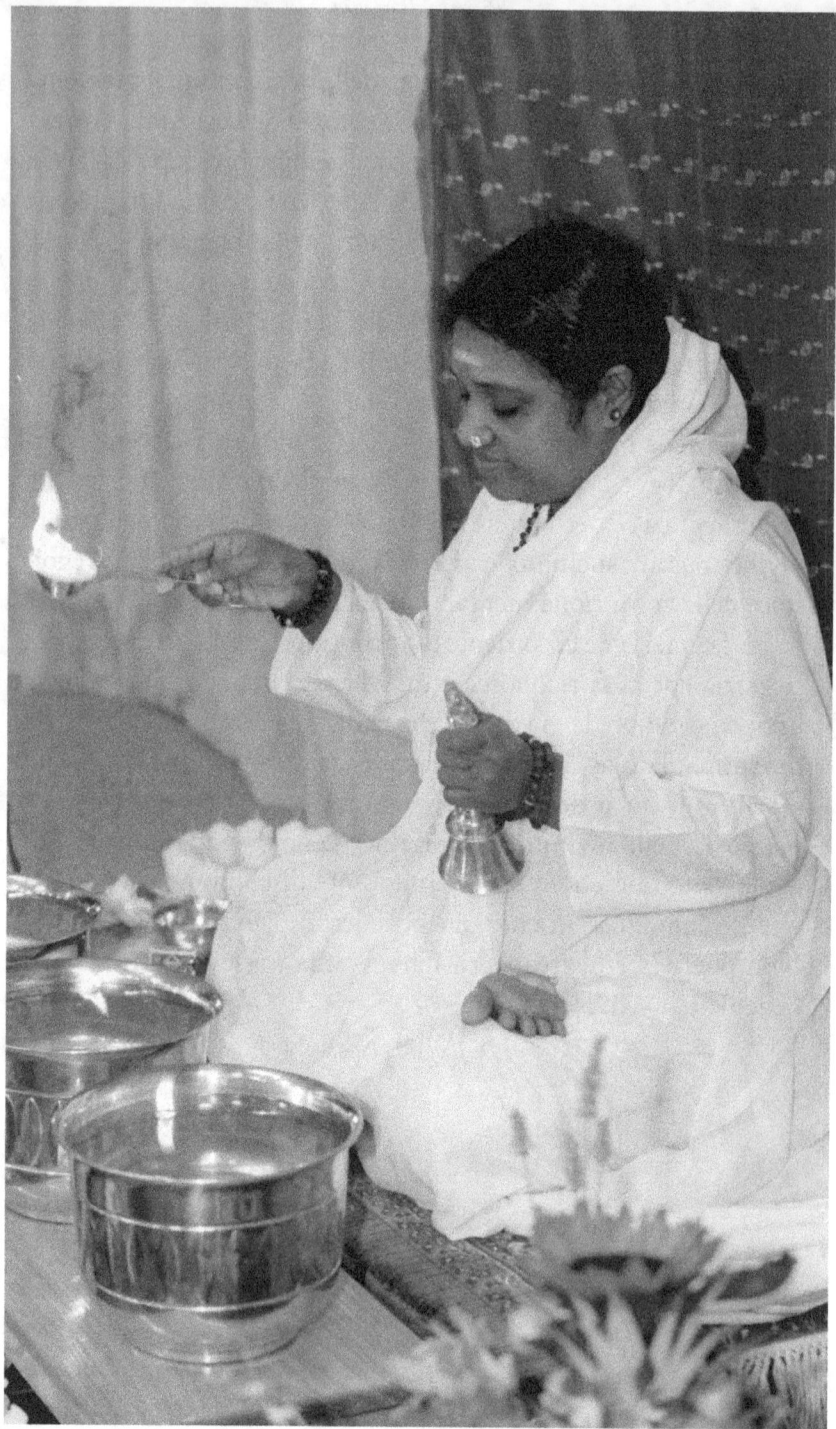

Glossario

adharma – ingiustizia, la deviazione dall'armonia naturale.

Advaita – letteralmente: "non due"; si riferisce al principio fondamentale del Vedanta, il non-dualismo, la più alta filosofia spirituale del Sanatana Dharma.

Amrita Kutiram – progetto del Mata Amritanandamayi Math per la costruzione di case gratuite per famiglie povere, che conta già più di 30.000 case costruite e consegnate in tutta l'India.

Amrita Vidyalayam – scuole elementari fondate e dirette dal Mata Amritanandamayi Math, con lo scopo di fornire un'educazione basata su valori spirituali. Attualmente ci sono 50 scuole Amrita Vidyalayam in tutta l'India.

Amritapuri – quartier generale internazionale del Mata Amritanandamayi Math, sito in Kerala, nel luogo di nascita di Amma.

archana – la ripetizione dei 108 o dei 1000 nomi di una particolare divinità (ad esempio il Lalita Sahasranama).

Amritavarsham50 – celebrazioni per il 50esimo compleanno di Amma, svoltesi a Cochin, in Kerala, nel settembre 2003 – evento di preghiere e dialogo, col tema: "Abbracciando il mondo per la pace e l'armonia". Ai quattro giorni delle celebrazioni hanno partecipato imprenditori, fautori della pace, educatori, capi spirituali, ambientalisti, principali capi politici indiani, artisti, e più di 200.000 persone ogni giorno, compresi i rappresentanti dei 191 Paesi facenti parte delle Nazioni Unite.

Arjuna – un grande arciere che è uno degli eroi del poema epico *Mahabharata*, a cui si rivolge Krishna nella *Bhagavad Gita*.

asana – tappetino per la meditazione.

asura – demone.

Atman – Sé o Coscienza.

AUM – (anche "Om"), secondo le Scritture vediche, suono primordiale dell'universo e seme della creazione. Tutti i suoni nascono dall'Om e si dissolvono in Om.

Avatar – Incarnazione Divina; dalla radice sanscrita "ava-tarati" che significa "discendere".

avil – riso schiacciato.

Bhagavad Gita – "Canto del Signore". Gli insegnamenti che il Signore Krishna diede ad Arjuna all'inizio della guerra del Mahabharata. La guida pratica per affrontare qualunque crisi nella vita personale o sociale e l'essenza della saggezza vedica.

bhajan – canto devozionale.

bhakti – devozione, il servizio e l'amore per il Signore.

bhava – stato d'animo o attitudine.

bhiksha – elemosina.

Bhishma – patriarca dei Pandava e Kaurava, campione del dharma e solidale con i vittoriosi Pandava, sebbene schierato dalla parte dei Kaurava, durante la guerra del Mahabharata.

brahmachari – discepolo maschio celibe che pratica le discipline spirituali sotto la guida di un Maestro (brahmacharini è l'equivalente femminile).

brahmacharya – il celibato e il controllo dei sensi in generale.

Brahman – la Verità Suprema al di là di tutti gli attributi, ma anche il substrato onnisciente, onnipotente e onnipresente dell'universo.

brahmino – appartenente alla classe sacerdotale indiana.

damam – controllo dei sensi.

danam – carità.

darshan – udienza di una persona santa o visione del Divino.

daya – compassione.

deva – esseri celesti.

Devi – Dio al femminile, la Madre Divina.

Devi Bhava – "Stato Divino della Devi", stato nel quale Amma rivela la Sua unità e identità con la Madre Divina.

dharma – "ciò che sostiene (la creazione)"; secondo il significato sanscrito, indica più comunemente l'armonia dell'universo. Altri significati indicano: giustizia, dovere, responsabilità.

Draupadi – moglie dei Pandava.

Duryodhana – maggiore dei 100 fratelli Kaurava. Usurpò il trono che era di legittimo diritto di Yudhishthira, il più vecchio dei fratelli Pandava. Duryodhana rese inevitabile la guerra del Mahabharata a causa del suo odio verso i giusti Pandava e il suo famoso rifiuto di concedere loro anche solo uno stelo d'erba.

gopi – lattaie che vissero a Vrindavan, città d'infanzia di Krishna e Sue ardenti devote: esse rappresentano l'amore più intenso per Dio.

Guru – Maestro sprituale.

gurukula – letteralmente "la famiglia del Guru": scuole tradizionali dove i bambini vivono con un Guru che li istruisce sulla conoscenza scritturale e accademica, infondendo in loro contemporaneamente i valori spirituali.

homa – cerimonia del fuoco.

japa – ripetizione di un mantra.

jiva o jivatman – anima individuale. In base all'Advaita Vedanta, il jivatman non è in verità un'anima individuale limitata, ma il Paramatman stesso, o Brahman, l'Anima Suprema che costituisce la causa materiale e intelligente dell'Universo.

jnana – conoscenza.

kaimani – piccoli cimbali.

karma – azioni coscienti, ma anche la catena degli effetti prodotta dalle nostre azioni.

Kaurava – i 100 figli del re Dhritharasthra e della regina Gandhari, il più vecchio dei quali era l'iniquo Duryodhana. I

Kaurava erano nemici dei loro cugini, i virtuosi Pandava, contro i quali combatterono nella Guerra del Mahabharata.

Krishna – la principale incarnazione di Vishnu. Nato da famiglia reale, fu allevato da genitori adottivi e visse come giovane mandriano a Vrindavan, dove fu amato e adorato dai suoi devoti compagni, gopi e gopa. In seguito Krishna fondò la città di Dwaraka. Fu amico e consigliere dei Suoi cugini, i Pandava, e specialmente di Arjuna, che aiutò come auriga durante la guerra del Mahabharata, e al quale rivelò i Suoi insegnamenti conosciuti come *Bhagavad Gita*.

Krishna Bhava – "lo stato divino di Krishna": lo stato in cui Amma rivelava la Sua unità e identità con Krishna. Inizialmente, Amma era solita dare il Krishna Bhava immediatamente prima del darshan del Devi Bhava, e in quello stato non si identificava con i problemi dei devoti che venivano da Lei per il darshan, ma rimaneva distaccata come testimone. In seguito, nel 1985, decise che le persone del mondo moderno avevano bisogno soprattutto dell'amore e della compassione di Dio nella forma di Madre Divina e interruppe quindi il darshan in Krishna Bhava.

Kurukshetra – campo di battaglia dove si svolse la guerra del Mahabharata.

Lalita Sahasranama – 1000 nomi della Madre Divina ripetuti quotidianamente negli ashram e nei centri di Amma, e dai Suoi devoti in tutto il mondo, in gruppo o individualmente.

lila – gioco Divino.

lokah samastah sukhino bhavantu – mantra della pace, che significa: "possano gli esseri di tutti i mondi essere felici". Ripetuto quotidianamente in tutto il mondo dai discepoli e dai devoti di Amma per la pace e l'armonia nell'intero pianeta.

Mahatma – letteralmente: "Grande Anima". In questo libro il termine viene usato per indicare chi risiede nella Consapevolezza di essere Uno con il Sé Universale, o Atman, sebbene questo termine sia usato attualmente anche con significati più ampi.

Mahabharata – uno dei due grandi poemi epici indiani insieme al *Ramayana*. È un grande trattato sul dharma, la cui trama si svolge soprattutto attorno al conflitto tra i virtuosi Pandava e i malvagi Kaurava e alla grande battaglia di Kurukshetra. Scritto intorno al 3.200 a.C. dal saggio Veda Vyasa, con i suoi 100.000 versi è il più lungo poema epico del mondo.

mala – rosario.

mananam – riflessione; la seconda delle tre fasi del processo che porta alla Realizzazione del Sé, come indicato dal Vedanta.

Mata Amritanandamayi Devi – nome monastico ufficiale di Amma, significante "Madre di Immortale Beatitudine", spesso preceduto da Sri per denotarne il buon auspicio.

maya – illusione. In base all'Advaita Vedanta, è maya che spinge erroneamente il jivatman a identificarsi con il corpo, la mente e l'intelletto, invece che con la sua vera natura del Paramatman.

Minakshi Devi – forma della Madre Divina installata nel famoso tempio di Madurai.

nidhidhyasanam – contemplazione; l'ultima delle tre fasi nel processo che porta alla Realizzazione del Sé, come indicato dal Vedanta.

nirguna – senza forma.

pada puja – lavaggio cerimoniale dei piedi del Guru o dei Suoi sandali, per dimostrare amore e rispetto; solitamente consiste nel versare acqua pura, yogurt, burro chiarificato, miele e acqua di rose.

Pandava – i cinque figli di Re Pandu, eroi del poema epico Mahabharata.

payasam – budino dolce fatto con riso o vermicelli, anacardi e latte.

prarabdha – i frutti delle azioni delle vite precedenti che siamo destinati a sperimentare nella vita attuale.

prasad – offerta benedetta, o dono, ricevuti da un santo, o in un tempio, spesso sotto forma di cibo.

puja – adorazione ritualistica o cerimoniale.

Rama – l'eroe divino del *Ramayana*, incarnazione del Signore Vishnu, considerato l'ideale del dharma e della virtù.

Ravana – potente demone; Vishnu si incarnò nella forma del Signore Rama con lo scopo di ucciderlo e riportare l'armonia nel mondo.

Rishi – veggenti o saggi realizzati.

sadhana – pratica spirituale.

saguna – con forma.

sakshi bhava – capacità di rimanere testimone del proprio corpo, mente e intelletto.

samadhi – Unità con Dio: stato trascendentale nel quale si perde ogni senso di identità individuale.

samsara – ciclo di nascita e morte.

Sanatana Dharma – "L'Eterna Via della Vita", l'originale e tradizionale nome dell'Induismo.

sankalpa – risoluzione divina.

sannyasin – monaco che ha preso voti formali di rinuncia (sannyasa). Tradizionalmente un sannyasin veste abiti color ocra che rappresentano il consumarsi dei desideri. L'equivalente femminile è sannyasini.

Satguru – letteralmente "Vero Maestro". Tutti i Satguru sono Mahatma, ma non tutti i Mahatma sono Satguru. Il Satguru, pur sperimentando la beatitudine del Sé, sceglie di scendere al livello della gente ordinaria per aiutarla a crescere spiritualmente.

satsang – essere in comunione con la Verità Suprema, ma anche essere in compagnia dei Mahatma, partecipare a una discussione spirituale o a pratiche spirituali di gruppo.

seva – servizio disinteressato i cui frutti si dedicano a Dio.

Shankaracharya – Mahatma che, con le sue parole, ristabilì la supremazia della filosofia non dualistica dell'Advaita, al tempo in cui il Sanatana Dharma era in declino.

Shiva – venerato come il primo e principale Guru, nel lignaggio dei Guru, e come substrato senza forma dell'universo, unitamente alla Shakti creatrice. È il Signore della distruzione (dell'ego) nella trinità composta anche da Brahma (Signore della creazione) e Vishnu (Signore della conservazione). Tradizionalmente è rappresentato come un monaco dal corpo cosparso di ceneri, con serpenti tra i capelli, coperto solo da un perizoma e con una ciotola da mendicante e un tridente in mano.

shruti – "quello che ci è pervenuto tramite l'udito": si riferisce alle Scritture del Sanatana Dharma, tramandate oralmente fino a poco tempo fa.

Sita – sacra consorte di Rama che in India è considerata l'ideale della femminilità.

sravanam – ascolto. La prima delle tre fasi nel processo che porta alla Realizzazione del Sé, secondo le indicazioni del Vedanta.

Srimad Bhagavatam – testo devozionale che racconta le varie incarnazioni del Signore Vishnu, con descrizione particolareggiata della vita del Signore Krishna; composto dal saggio Veda Vyasa dopo aver completato il Mahabharata.

Sudhamani – nome di nascita dato ad Amma dai genitori, significa "Gioiello di Nettare".

tapas – austerità, penitenza.

Templi Brahmasthanam – templi particolari nati dall'intuizione divina di Amma, aperti ai membri di tutte le religioni. L'icona centrale sottolinea l'inerente unità dei molti aspetti del Divino attraverso quattro facce rappresentanti Ganesha, Shiva, Devi e il Serpente. Al presente ci sono diciassette templi del genere in India e uno alle Mauritius.

Upanishad – la parte dei Veda che tratta della filosofia del Non-dualismo.

vairagya – distacco; soprattutto il distacco da ciò che è impermanente, ovvero l'intero mondo visibile.

vasana – tendenze latenti, o desideri sottili, all'interno della mente, che si manifestano come azioni o abitudini.

Vedanta – "la fine dei Veda". Si riferisce alle Upanishad, che trattano di Brahman, della Verità Suprema, e del sentiero per realizzarla.

Veda – le Scritture più antiche; non furono composte da un autore umano, ma "rivelate" agli antichi Rishi in stato di profonda meditazione. I mantra che compongono i Veda sono sempre esistiti in natura nella forma di vibrazioni sottili; i Rishi raggiunsero un stato di assorbimento talmente profondo da riuscire a percepirli.

vishwarupa – forma cosmica.

viveka – discriminazione, specialmente fra Permanente e impermanente.

Viveka Chudamani – Gran Gioiello della Discriminazione: un testo introduttivo sul Vedanta, scritto da Adi Shankaracharya. Se ne raccomanda la lettura prima dello studio delle Upanishad.

yagna – sacrificio inteso come offerta di qualcosa durante il culto, o come azione compiuta per ottenere benefici personali e collettivi.

yoga – "unire", l'Unione con il Sé Supremo. In senso più ampio si riferisce anche ai vari metodi pratici con i quali si può ottenere l'Unità con il Divino. Sentiero che conduce alla Realizzazione del Sé.

yogi – praticante o adepto dello yoga.

Yudhishthira – il maggiore dei cinque fratelli Pandava ed erede legittimo del Regno dei Kuru che era stato usurpato dal malvagio principe Duryodhana. Si dice sia stato l'incarnazione umana del principio del dharma.